Sommaire

À Luc, mon musicien préféré,
qui trouvera notes et rythmes
pour faire chanter mes textes et
embellir toujours la vie de ses mamies.

Remerciements

Merci à toutes les « séniorettes » qui ont bien voulu contribuer à cette écriture en me confiant leurs témoignages.
Je leur souhaite de tout cœur de ne rien changer à la « mamie-attitude » qui leur va si bien…

Introduction

Mamy-boom

Ce phénomène récent, dans la suite du baby-boom, période d'explosion des naissances d'après-guerre, concerne les femmes nées dans les années cinquante et devenues grands-mères aujourd'hui. Sociologues, psychologues et historiens ont souvent repéré dans l'histoire cette réaction qui pousse les populations à se reproduire de façon plus intense après deuils, destructions et frustrations.

C'est ainsi que les mamies du XXIe siècle sont le résultat d'un fulgurant réveil de l'amour. La suite de leur vécu, à travers d'autres tempêtes plus douces et quelques révolutions de taille, fait d'elles une génération hors norme, qui mérite qu'on en parle…

Et pourtant, si études, écrits et Internet ont souvent évoqué le baby-boom, on trouve peu de choses sur ces mamies-là, hors domaine des recettes, confitures, contes et tartines, solides vestiges des siècles précédents.

Tandis que les trentenaires soi-disant « libérées » voient moult magazines prospérer et se répandre depuis des décennies sur leurs affects et modes de vie, leurs mères, témoins ou initiatrices du mouvement d'évolution des femmes ont peu à peu disparu des médias.

Pourquoi parle-t-on si souvent des femmes actuelles débordées par les rôles de mère-épouse-salariée ou P.D.G. et de leurs difficultés à assumer le tout, et oublie-t-on un peu facilement leurs mamans sexagénaires qui leur ont ouvert une large voie de liberté et d'amour ?

Ont-elles perdu de vue Beauvoir, Moreau, Gréco, Badinter et d'autres qui leur ont donné le droit de gérer liberté et égalité, de « faire l'amour, pas la guerre », de choisir leur partenaire, de prendre la pilule et de gagner leur vie, première source d'autonomie ?

Si ces pionnières ne leur ont pas vraiment donné les recettes de la grand-maternité, les grands-mères de l'an 2000 sont là, solides au poste passé 60 ans, assumant tant bien que mal leurs années de femmes libérées et de mamies nouveau style… chacune trouvant sa voie, sa façon de vivre ses amours-toujours ou ses divorces, écartelée parfois entre liberté chérie et baby-sitting.

La roue tourne, la vie continue, *exit* les mémés et les mères-grand, les mamies sont arrivées !

Comment ont-elles traversé et vécu les suites familiales de leur émancipation ?

Le parcours original des femmes du XXe siècle les amène à transmettre, pour la première fois de l'histoire, une tout autre image que celle des bonnes-mamans tricot, marmites et berceuses qui a jalonné leur enfance. Ma grand-mère avait avec sa propre aïeule beaucoup plus de points communs que moi avec mes grands-mères.

Suite aux bouleversements des mœurs du XXIe siècle, les sexa et au-delà sont des « femmes charnières » entre comportements vierges sages et New Age…

À travers des portraits, anecdotes et nouveaux champs d'exploration qui se présentent aux fringantes mamies d'aujourd'hui, ce livre veut témoigner de nos contradictions, joies, difficultés et perspectives, parfois difficiles à suivre pour nos enfants et petits-enfants…

Tout a changé, même l'amour et, si on aime autrement, on aime toujours très fort nos petits-enfants…

I

Les grands-mères à travers les âges

De quand datent les grands-mères ?

Chose certaine : Adam et Ève n'en avaient pas… Abel et Caïn non plus. Au-delà de ces cas de figures originelles, mes recherches sur Internet et sources d'études donnent peu d'indications sur ces dames à travers les siècles. Cela est en train de changer, mais nous verrons que, même aujourd'hui, peu de livres, récits, nouvelles ou émissions les mettent en lumière (voir bibliographie).

Pourquoi ?

Il est vrai que longtemps, la durée de vie moyenne était de 25 ans… Aussi trouve-t-on peu de grands-mères dans les parchemins. Et, si l'on note qu'en 1900 l'espérance moyenne d'existence était de 45 ans en France, ce chiffre réduit considérablement le nombre de grands-mères en crinoline par rapport à celles qui, en minijupe, arrivent maintenant jusqu'à 84 ans.

La population des plus de 65 ans ayant doublé à la fin du XXe siècle, nous allons, après l'apparition des grands-mères, voir arriver discrètement mais sûrement parmi nous, les arrière-grands-mères.

Et, d'ici peu, j'espère que l'on parlera, on écrira, on publiera sur des trisaïeules en parfait état de marche.

Phénomène également nouveau, les grands-mères actuelles ont encore leurs parents, et ne sont plus les aînées de la famille. Chose impensable au siècle dernier, on peut même les entendre évoquer papa ou maman qui partent batifoler aux Antilles…

Si en littérature, dans les contes, dans l'histoire, la grand-mère ne semble pas « bancable », nous verrons plus loin que, depuis peu, la publicité vient de découvrir cette île aux trésors et de mettre la main sur les retraités à bourse bien garnie. Si on les ignore peut-être encore côtés artistique et littéraire, les voilà hypersollicités pour résidences, croisières, fauteuils et baignoires adaptées.

Néanmoins, j'ai souhaité chercher si et comment, dans le passé, nos grands-mères avaient fait parler d'elles. Après plusieurs heures passées sur Internet, j'en ai déniché quelques-unes parmi multiples confitures, recettes et quelques livres anciens.

Voici une liste non exhaustive mais significative :

- La comtesse de Ségur, mère de huit enfants, a donné moult rôles à mères et filles et au général Dourakine qui devait être un (méchant) grand-père, mais n'a pas laissé grande place aux grands-mères si ce n'est peut-être la Mère Mac-Miche à qui je dois les cauchemars de mes 8 ans… C'est sans doute pour compenser cet oubli qu'elle a écrit, sur ses vieux jours, *Bible d'une grand-mère* dont l'illustration-couverture, seule trace de l'œuvre, respire vertu et respect.
- Tout comme elle, en plus dissipée, George Sand s'est un peu rachetée avant de quitter terre, en signant *Les contes d'une grand-mère* pour ses petits-enfants.
- En fouillant bien, j'ai retrouvé aussi un article de Guy de Maupassant dans le journal *Le Gaulois* (1880) sous le titre de « Conseils d'une grand-mère ». Je ne peux résister à vous livrer quelques extraits de ces délicieuses pages évoquant :

– « *l'aïeule* » à qui une jeune fille « *aux yeux rêveurs et aux doigts agiles [...] aux longs cheveux blonds tressés* », brodant à ses côtés, fait la lecture ;
– et, plus loin, une autre description optimiste des dames âgées d'antan : « *Une toute vieille femme, qui semble morte aussitôt qu'elle ne remue plus, est presque couchée dans un grand fauteuil et laisse pendre de chaque côté ses mains osseuses de momie.* »

- J'ai trouvé aussi plus récemment *Grand-mère et les curés* de Taylor Calwell, dont je ne saurai jamais ce qu'ils avaient à faire ensemble, puisque l'ouvrage est hélas épuisé...
- Idem pour *Les confidences d'une aïeule* d'Abel Hermant, auteur prolixe dont le titre m'a aussi laissé sur ma faim car ces confidences-là nous auraient beaucoup appris sur les mœurs des dames du début du XXe siècle, avant les « ravages » des suffragettes et Cie...

Côté « vieillards », terme du genre exclusivement masculin, la littérature est plus expressive et y a consacré quelques héros, mais, bien que de tout temps les femmes aient vécu plus longtemps que les hommes, pas un mot sur leur épouse...

Don Quichotte, le Père Goriot, l'Avare et Don Diègue n'avaient-ils pas l'âge d'être grands-pères ? Que faisaient les grands-mères quand l'un se battait avec les moulins à vent et que l'autre hurlait : « *On m'a volé ma cassette !* »

Il semble que les vieillards des romans et des pièces laissaient toujours à la maison une femme silencieuse réduite au tricotage et aux fourneaux... donc pas grand-chose à en dire sinon, bien sûr, de leurs recettes dont on parlera plus loin : remèdes, tartes, mironton, etc.

Il est vrai que, sans machine à laver, ni four à micro-ondes, ni contraception, nos aïeules avaient fort à faire. Leur éducation leur imposant de se consacrer corps et âme à leur foyer, comment faire frémir des lecteurs avec de vieilles tricoteuses vertueuses, voûtées dès

40 ans, vêtues de noir du menton jusqu'aux chevilles et priant jour et nuit ?

Heureusement que temps libre et rôle d'épouse leur ont permis de se défouler en cuisine, laissant au moins trace sur les étiquettes et les livres de recettes.

L'homme était roi, toujours héros, même tardivement dans sa vie.

Peut-on imaginer Cyrano en jupons ? Non, mais la belle Roxane vierge dévouée avait un beau rôle… que ni jeunettes ni mamies n'envient aujourd'hui.

Drôles de dames… J'ai débusqué quelques ascendantes parmi duègnes, vieilles servantes et surtout ogresses et sorcières, dont celle de *Blanche Neige*, qui m'a aussi valu des moments de terreur… sans compter la grand-mère-loup du *Chaperon rouge* (la plus connue) qui n'améliore pas l'image de la grand-mère.

Que des méchantes ! N'oublions pas, à une certaine époque, les exploitantes d'enfants malheureux dont les maltraitances *(Poil de Carotte)* les mèneraient actuellement pour longtemps derrière les barreaux.

Oui, nos aïeuls ont parfois écrit sur les femmes âgées sans doute grands-mères mais quelles références !

Plus prudents, Molière et Mozart ont préféré les éviter. Merci à eux…

God save the queen ! Seule, la Grande Bretagne a fait très fort avec les *grandmothers*… depuis Victoria jusqu'à la dernière, décédée il y a peu, centenaire. La royauté conserve, mais photos ou portraits d'époque en disent long sur leur joie de vivre !

Après avoir compulsé toutes les pages de moteurs de recherche faisant état du terme « grand-mère » et autres, sans beaucoup de succès, j'ai persisté jusqu'à aller voir du côté des « vieilles »… Mal m'en a pris, mais je tiens à vous donner les premiers résultats de mes pérégrinations, n'ayant pas eu le courage d'aller au-delà de la première page : vieilles charrues – vieilles maisons – vieilles ferrailles de Ludovic (je ne saurai jamais qui est ce collectionneur) – vieilles tiges – vieilles femmes mûres avec en exergue les mots sexe et porno… – et Amicale des vieilles soupapes.

Les images ?

On trouve sur Internet, dans les livres d'école et les biographies des photos ou portraits de personnages célèbres morts depuis longtemps, ainsi que dans les brocantes, sur les marchés de campagne où cadres dorés et photos sépia côtoient rollers et romans-photos.

Chez les mamies d'aujourd'hui, on découvre parfois dans les greniers ou les boîtes à chaussures, des images aux couleurs fanées où un homme guindé et moustachu se tient debout, madame assise à ses côtés, les mains sur les genoux. À noter que, le plus souvent, il était de bon ton, pour poser, que monsieur mette la main sur… le dossier de la chaise de madame.

J'ai beaucoup cherché, sur les murs de vieilles maisons, dans les cartons de parents ou d'amis ainsi que dans les mémoires de Thiers ou Clemenceau, mais jamais je n'ai vu un seul sourire sur les lèvres de ces ancêtres… comme s'il fallait, au début de l'invention-photo, ne laisser que trace austère à la postérité…

Cette seule différence entre mes ancêtres et le sourire épanoui des sexagénaires randonneuses ou rockeuses d'aujourd'hui en dit long sur l'évolution rapide des modes de vie et des relations. Cinquante années seulement ont permis de voir le visage fermé et figé de nos grands-mères s'animer et se colorer sur les photos de leurs petites-filles devenues mamies.

Quand on les voit le plus souvent souriantes et alertes, n'oublions pas qu'elles ont eu des grands-mères auxquelles il est difficile de les comparer et que, juste avant elles, les petites filles sages ressemblaient vite à leur mère, puis à leur bonne-maman qu'on ne manquait pas, en famille, de citer en exemple.

Bien sûr, il y avait des exceptions, souvent citées comme « scandaleuses » ou « excentriques » : les pionnières de l'aviation, les suffragettes des années vingt, quelques actrices, M. Dietrich, V. Romance, et même… la grand-mère de José Beauvais qui jouait au rugby!

Autant de raretés, qui ont néanmoins ouvert la porte où d'autres ont pu s'engouffrer…

Le cinéma a-t-il fait évoluer les choses ?

Que nenni, car Charlot ou Laurel et Hardy ne manquent pas de caricaturer les dames âgées. Personnages suspects et sujets à dérision : tantes à héritage, vieilles filles et belles-mères ont beaucoup plus de place dans les romans, le théâtre et l'écran que les grands-mères qu'on ne devait pas savoir où placer. Feydeau et Courteline ont atteint des sommets avec ces dames… mais pas d'enfants dans leurs pièces, (sauf pour une histoire de bébé et son pot de chambre…) donc pas de grands-mères… comme si plusieurs générations sur scène risquaient d'être fatales au théâtre…

Ensuite, si l'évolution a modifié leur rôle et leur destin, elle n'a pas vraiment motivé les auteurs et artistes à leur dédier quelques lignes jusqu'à tout récemment.

Pourtant que de romans ou de films à écrire sur la coexistence harmonieuse ou conflictuelle de trois générations, quatre souvent et cinq qui commencent à poindre leur nez! Être mère à 15 ans fait vite une arrière-arrière-grand-mère de 98 ans et toute une saga avec des rôles pour toutes…

À quoi s'occupent les grands-mères en famille ?

À attendre les enfants à la sortie de l'école, les poches pleines de bonbons ? À tricoter les chandails pour l'hiver de toute la famille ? À être les seules à réussir le gâteau au chocolat, comme leur propre aïeule ?

Il doit bien en rester quelques-unes mais les temps ont changé… le terme désuet de « bonne-maman » évoque de douces conteuses, d'excellentes cuisinières dont les repas faisaient saliver toute la famille et des brodeuses à la chandelle dont les berceuses style *Fait dodo, Colas mon petit frère* nous émeuvent encore…

À la campagne, l'image des grands-mères conteuses change un peu : quelques gravures anciennes montrent des brochettes de femmes d'âge mûr aux larges fesses, brossant, tordant les draps mouillés au lavoir. Dans une pièce sombre, l'aïeule lave des enfants transis dans un bac en bois devant la cheminée ; une autre porte sur la table une énorme marmite de soupe à une marmaille affamée.

Merci à la Mère Denis et à Mamie Nova, stars en linge et en laitages, grâce auxquelles on n'oubliera pas ces grands-mères !

Les croquis retrouvés dans *L'Illustration* ont dû beaucoup faire pleurer dans les chaumières… et le rôle des grands-mères y était clair et défini au départ.

Le plus souvent, elles habitaient avec leurs enfants et petits-enfants. Les plus discrètes restaient à leur place, respectant chacun, chacune et surtout leurs belles-filles. D'autres se mêlaient de tout, semant la zizanie tout en suivant les principes des anciennes : vaquer aux tâches réservées aux femmes (souvent les plus pénibles et les moins drôles), complétant et aidant bien souvent leurs filles ou fils en échange de logement…

Nul ne saura si tous les petits-enfants adoraient leurs grands-mères avant la Première Guerre mondiale, mais les textes scolaires et leurs illustrations les montrent toujours généreuses de corps et d'âme, avec, en ville, des gamins, gamines à leurs petits soins, alors qu'en campagne bébés hurlant ou gamins aux chaussettes tombantes s'accrochent à leurs multiples jupes. Les livres d'école sont là pour nous dire tout de ce que l'on devait aux grands-mères de ce temps-là, y compris une forme de respect qui était souvent distance et non-dit, vu qu'un enfant « ne parlait pas à table », seul lieu de retrouvailles.

Sur ces croquis d'époque, les grands-parents semblent toujours très vieux, courbés et marchant avec une canne ; les enfants les aident toujours à porter les paquets, à descendre les marches, à monter dans la diligence…

Les grands-mères d'autrefois avaient des cheveux blancs et un chignon bien tiré, souvent un ruban de velours noir autour du cou, et s'habillaient de couleurs sombres. Elles s'asseyaient sur un banc ou au coin du feu, souvent avec un chapelet (je n'invente rien, je parle de la mienne…) avec parfois, à la campagne, un chat sur les genoux. On ne les entendait pas. Elles faisaient souvent, matin et soir, leur prière en marmonnant tout bas, et avaient un seau ou un pot de chambre dans leur chambre. Elles parlaient de leurs souvenirs, souvent identiques au présent de leurs enfants devenus papas-mamans, tant l'éducation stricte des XIXe et début du XXe siècles restait immuable. C'était un temps où les enfants, même adultes, marchaient à peu près droit sur les traces de leurs parents et, dans le cas inverse, se gardaient bien d'en faire état.

La « répudiation » de jeunes ayant « suivi une autre route qu'eux » était courante, et beaucoup de familles bourgeoises avaient leur « renégat »…

Les grands-mères étaient là, c'est tout, s'occupant des tâches domestiques toute leur vie, tant qu'elles le pouvaient. Dans les anciens manuels que l'on trouve encore dans les greniers et les brocantes, on parle du respect, des règles et des attentions à leur accorder pour que tout se passe bien dans le meilleur des mondes.

Puis, se faisant de plus en plus discrètes, elles disparaissaient progressivement sans faire de vague…

II

Et maintenant? Quand les mamies sont arrivées...

Années cinquante... période fastueuse d'après-guerre, les hommes revenaient, leur femme les attendait (dans le meilleur des cas...) pour leur faire fête! La pilule absente et Ogino aidant, l'explosion des naissances qui suivit prit le nom de baby-boom et les médias s'en firent souvent l'écho, comme cet hebdomadaire réputé: *« Les baby-boomers, rejetons de Trente Glorieuses »*; *« En prime, ils ont pris leur destin à bras-le-corps, ébranlé la société du haut des barricades de mai 1968, façonné les trois dernières décennies du XXᵉ siècle »* (*L'Express*, 10/05/04).

Puis, grâce aux papys d'aujourd'hui, joyeux drilles aux cheveux longs des années soixante, sont arrivées de drôles de dames, entourées de petits-enfants.

Le baby-boom n'a eu qu'à changer une lettre pour que le début du XXIᵉ siècle voie débouler le mamy-boom.

Drôles de dames parce que ces jeunes filles en fleurs ont fait un tel parcours que leurs propres grands-mères auraient du mal à les reconnaître.

Pour donner une idée des bouleversements que les mamies d'aujourd'hui ont traversés, il faut rappeler le parcours entre les vraies jeunes filles sages d'avant-guerre et les femmes émancipées qu'elles sont devenues dans les années cinquante et soixante, préparant des jours meilleurs à leur descendance.

Suivant des étapes mettant surtout en cause les femmes, bouleversant les valeurs précédentes, elles ont souvent combattu et connu coup sur coup le vote au féminin, la contraception, la libéralisation du divorce, l'IVG, une profession pour toutes… et donc une autonomie impensable pour leurs aïeules, leur permettant, pour la première fois, de voler de leurs propres ailes. Elles ont vécu de près ou de loin le mouvement hippy et mai 1968, périodes dont les plus jeunes n'ont aucune idée et qui ont bouleversé les comportements amoureux et sexuels. On peut ne pas être d'accord ou en voir aussi les abus et les répercussions négatives mais on ne peut nier que cette révolution a existé et modifié la société.

Ces années-là ont rejeté, bien avant que ce mouvement prenne l'ampleur qu'on lui connaît, la « société de consommation » en prônant la non-violence et la liberté dans tous les domaines. Créant des communautés rurales, des élevages de chèvres alors qu'ils n'y connaissaient rien, faisant sourire les paysans du coin, beaucoup de papys-mamies actuels ont cherché et cru trouver *« peace and love »* en faisant « l'amour, pas la guerre »…

Longues jupes gitanes, fleurs dans les cheveux, contraception sans sida… guitares et bord de mer ou clairières, hommes et femmes de ce temps béni étaient, à mon avis et autant que je m'en souvienne, autrement libres et heureux que leurs petits-enfants de l'an 2000… Très peu ont maintenu le cap, restant hors du temps et des villes, proches de la nature, mais certains y reviennent, sous le nom d'écolo, de bio… Rien de nouveau, mais l'espoir d'un temps sans guerres ni machines infernales demeure même si des réalités plus dures l'ont rattrapé.

Il me semble qu'écolos et adultes d'aujourd'hui refusent parfois d'entendre nos révoltes d'alors et nos exaltations. Pourquoi ? À mon avis parce qu'il faut que tout ce qui était avant soit ringard et ce qu'ils vivent novateur…

Certains universitaires prétendent que 1968 a donné une très mauvaise image des étudiants et j'ai même entendu des jeunes parents reprocher aux leurs d'avoir été trop permissifs !

Certes, on ne peut le nier mais, si chaque génération a de quoi reprocher à la précédente, quoi de plus curieux et novateur que d'entendre de tels reproches, alors que de tout temps ce sont les vieux qui sanctionnaient et les jeunes qui se croyaient ou se voulaient plus ouverts…

Comment devenir mamie ou papy dans ces conditions ?

Le mode d'emploi n'existe pas puisque ce revirement de situation bouleversait tout ce qu'avaient connu nos ancêtres. Quand on a vécu ces époques fastes, même si souvent illusoires, comment communiquer avec des petits qui, dès l'école primaire, sont surtout confrontés à la violence et au chômage de leurs parents ?

Certains sexagénaires… timorés ou réalistes (?) ont replongé dans le moule et on les trouve, même en politique, parfois libéraux traditionnels, bien mariés avec descendance en écoles privées ! D'autres ont écrit sur cette époque, pour transmettre leur expérience, leurs espoirs et d'autres valeurs, sans beaucoup de succès semble-t-il, tandis que certains cachent leur passé comme s'il était honteux. Même la plupart des « féministes » qui, malgré leurs outrances parfois, ont pris des risques (les « salopes » et le manifeste pour l'IVG) se sont tues peu à peu et le planning familial, qui a aidé tant de femmes, mamies d'aujourd'hui, n'a plus pignon sur rue. Qui les a remplacés pour maintenir l'espoir et les chemins de la liberté ? Certaines ont retrouvé un peu d'audace, devenues sexa, quand on a parlé du voile à l'école ou ailleurs, pour signaler que, « de leur temps », il y avait des filles du Maghreb (ce n'est pas récent…) dans certains quartiers, bien protégées par leurs parents mais… sans voile.

Comment ces femmes-là vivent-elles leur « grand-parenté » ?

Il faut tout inventer et souvent taire les « écarts de jeunesse » qui ont été pour certaines le meilleur de leur vie, puisque de jeunesse, ce que leurs enfants devenus parents n'apprécient pas forcément d'entendre. Comme si mamie devait rimer avec rassis.

Je ne sais si ce sont ces « années-là » qui les ont dopées mais les mamies de l'an 2000 ont une sacrée santé !

À plus de 60 ans, elles dansent et randonnent, veillent la nuit et partent au bout du désert, à l'âge où leurs grands-mères avaient pour occupations principales le tricot à grosses aiguilles, la lecture du *Pèlerin* et les tisanes à l'heure très sage du coucher. J'en connais qui font même des fêtes nocturnes en bord de mer l'été, avec guitares, copains et copines, bien au-delà de minuit.

Les hippies et les soixante-huitardes avaient-elles envisagé d'avoir des petits-enfants ? Ce n'était pas vraiment au programme et on sait que ce sont toujours les autres qui vieillissent. Et pourtant, elles ont même fait des enfants qui ont fait des enfants et, pas du tout amorties, les voilà, bon pied, bon œil, de plus en plus nombreuses, envahissant le monde, les clubs en tous genres, les médias, la politique et même la publicité.

Elles sont entrées dans l'histoire à travers une « révolution-mise à mort » de presque tout ce qu'on leur avait appris et transmis : plus de tutelle masculine, accession à la liberté et autonomie, plus besoin d'accord du mari sur l'achat des fringues, les études, la profession, le choix d'avoir un enfant ou pas, un compte en banque bien à elles et des idées devenues enfin personnelles…

Les magazines féminins se sont multipliés, précisant comment séduire, voire draguer l'homme idéal et comment… le quitter ! S'il arrive que les mamies puissent apprécier les idoles de leurs petits-enfants et parler avec eux de préservatifs, de « teufs » ou de « meufs », c'est grâce à leurs audaces et rébellions mais aussi au fossé irrémédiable creusé entre elles et leurs grands-mères qui, bousculées par la tempête, renoncèrent vite à suivre le mouvement…

Autre nouveauté de ces années-là : les mamies divorcées :

Quand j'étais petite, je n'en connaissais qu'une ; autour de moi on en parlait à voix basse, disant toujours « la pauvre », lâchement abandonnée on ne sait par qui (le sujet était tabou), revenue au bercail et surprotégée par ses vieux parents… On la plaignait et elle filait doux, portant sa détresse en bandoulière.

Depuis, quand les mamies découvrent, parfois sur le tard, la liberté, on les entend dire parfois entre elles qu'on « ne les y reprendra plus » tandis que d'autres retombent amoureuses.

Elles peuvent bavarder tard dans la nuit avec les petits-enfants dans leur chambre de célibataire, écouter leurs musiques sans crainte de réveiller Papy et faire découvrir Vienne ou Londres en duo à Luc ou à Marie. Une autre complicité se met en place, bien différente de la relation qui existait entre elles et leurs aïeules.

On rencontre à présent des mamies rockeuses, des mamies top-modèles et même des mamies baby-sitters qui tricotent… parce qu'elles le veulent bien.

Une autre nouveauté : les enfants qui ont plein de mamies et de papys… Papa s'est remarié, maman a un copain, quand on se retrouve tous ensemble ça fait quatre grands-mères, bien sûr on les appelle mamie ou même par leur prénom… et ça fait beaucoup plus de cadeaux à Noël.

Curieux et matière à réflexion : j'ai lu qu'une grand-mère en puissance était devenue « mère porteuse » pour que sa fille ait un enfant tandis qu'une autre, beaucoup moins drôle, est terroriste kamikaze à Bagdad et que la police commence à chasser les délinquants du troisième âge… Quelle époque !

Si la famille garde sa place, « les séniorettes », appelées ainsi par C. Collanges, ont bien d'autres centres d'intérêt et, quand elles partent en trombe vers Venise ou Tombouctou alors qu'auparavant elles ne quittaient pas le domicile familial, leurs enfants s'affolent (ou pas), surtout s'ils ont justement besoin d'un coup de main pour veiller sur la dernière-née ce week-end-là.

Les mamies vivent leur vie…

Ma « bonne-maman », dès son veuvage, habitait chez nous. Trois générations à la maison, c'était un peu lourd, et les conflits ne manquaient pas, bien que, la plupart du temps, elle fût joyeuse et cuisinât fort bien. Elle faisait partie des dernières aïeules cohabitant en famille selon une tradition ancestrale, mais aussi et surtout parce qu'elles n'avaient pas de ressources personnelles. Ceux qui, avant la guerre, « plaçaient » leurs parents en maison de retraite étaient « montrés du doigt », alors qu'à présent les vieilles dames préfèrent choisir elles-mêmes leurs résidences sénioriales plutôt que d'être à charge de leurs enfants.

À noter aussi que celles, sans enfants ou vieilles filles, entrant en maison de retraite, souvent tenues par des religieuses, avaient effectivement l'âge de la retraite, autour de 65 ans et trouvaient cela normal même si elles étaient en parfaite santé alors que nos mamies d'aujourd'hui restent chez elles tant qu'elles sont valides et rejoignent des « maisons médicalisées » souvent contraintes et forcées par l'invalidité, autour de 90 ans.

La plupart des mamies 2000 ne veulent ni quitter leur havre de paix où, le cas échéant, elles savent très bien se faire aider par des auxiliaires en tous genres, ni partir en maison de retraite avant la décadence.

Mes vieilles tantes ont, dans les années quarante, rejoint leurs consœurs dans une jolie maison-couvent abritant les anciens de la région, ma mère a dû être une des dernières à y être hébergée quand sa santé l'a exigé et j'espère avoir le choix de rester chez moi avec les services d'aides à domicile en tous genres qui se développent… Mais cela n'a rien d'urgent.

Au Japon, les personnes âgées sont depuis longtemps citées comme « Trésor national vivant » et, chez nous, l'humour, l'expérience et la tolérance des mamies commencent à leur donner une place et une image de plus en plus gratifiante. On voit et on entend les stars parler de leur progéniture alors qu'en d'autres temps elles se donnaient beaucoup de mal pour cacher âge et petits-enfants…

Quand les films donnent des rôles à ces actrices d'âge certain, ce n'est ni au coin du feu ni en charentaises… mais en vélo, en moto, courant derrière un malfrat. On parle même de « boomer attitude » dans les entreprises où l'on embauche les plus de 55 ans!

Si Victor Hugo et Verdi ont créé des œuvres inoubliables tard dans leur vie, les femmes maintenant prennent la relève en écriture. Les femmes d'âge « mûr » ne se comptent plus dans le septième art et chez les chanteurs (Nathalie Baye, Sylvie Vartan) et on s'arrache les mémoires parfois coquines de certaines grands-mères.

Énergie à gogo, séduction sans retouches, les mamies s'entretiennent et s'activent au lieu d'attendre la fin en laissant le soir leur dentier au frais et en traînant le matin leurs douleurs en savates… Beaucoup travaillent toujours, en profession libérale ou à temps partiel, ont des copains, des copines et un agenda bien rempli. Elles écoutent autant NRJ que Fun Radio ou France Culture et restent dans l'actualité avec et malgré la télévision. Leurs projets à long terme auraient fait sursauter les anciens…

Kilos, rides, tempes grisonnantes sans souci, rire et charme bien vivants, massages, gym et thalassothérapie pour se maintenir, les « séniorettes » font la fortune de beaucoup en comblant les horaires délaissés par les salariés.

Regardez-les bien nos mamies 2000, tout chez elles est d'origine, sans prothèses ni retouches, car je crains que ce soit les dernières à oser montrer des façades d'origine… non ravalées.

Et l'Amour ?

Alors qu'on s'est évertué durant des siècles à prétendre que la ménopause endormait les hormones, il paraît que les grands-mères feraient toujours l'amour. J'ai entendu des religieuses gérant certaines maisons de retraités s'arracher les cheveux à la vue ou à l'écoute de ce qui se passait la nuit dans les chambres… Des portes qui grincent, des crêpages de chignons entre dames jalouses, etc.

Quant aux divorcés retraités, ils font de charmants nouveaux amoureux… en remettant le couvert, tard dans leur vie.

Un article du *JDD* d'avril 2006 en parle gaiement : « *Libération des femmes, explosion des divorces tardifs, les retraités célibataires n'ont jamais été aussi nombreux. Une manne pour les dancings, agences matrimoniales et sites Internet de rencontres.* »

Qui l'eut cru en 1950 ? « *Les divorces ont bondi de 68 % en dix ans chez les femmes de plus de 55 ans.* » Internet voit la tranche d'âge des seniors exploser sur les sites de rencontres.

Les mamies 2000 dessinent la première génération à tirer partie au maximum de toutes les découvertes en matière de santé, média, communication, informatique et liberté d'action que le progrès bien compris leur apporte. Les petits-enfants leur apprennent à se servir des modems, des logiciels, des SMS et même des iPod…

Elles ont la chance d'avoir connu une période faste, prospérité, plein emploi, paix sociale, accès à la culture, aux loisirs et médecine de pointe que les adultes actuels ont peine à vivre, vu ce qui les attend et le stress qui va avec… Ces acquis positifs sont le tremplin de leurs présent et avenir, une force qui les maintient longtemps en bon état.

Mais tout n'est pas rose pour toutes. Les tragédies, les maladies et les deuils ne les épargnent pas plus que leurs ancêtres et si la majorité des quinqua-sexa a confiance grâce à leur métier, leurs études et leurs amours, ce qui n'était pas le cas de leurs aïeules, d'autres vivent moins bien ce passage, provocant la nature à coups de bistouri, comme si une opération toujours risquée pouvait embellir la vie et changer l'essentiel telle une baguette de fée.

Augmentation des liposuccions à outrance, botox et reprises trop visibles du visage risquent de faire aux rejetons actuels plus de momies que de mamies…

Illusions quand elles croient retenir Papy pour trois rides regonflées ou un estomac rétréci. Restons optimistes, la nature reprendra peut-être le dessus. J'ai entendu que les actrices « intactes » étaient plus sollicitées par certains réalisateurs qui, au vu des dégâts, refusent les « ravalements » figeant les expressions du visage.

Comment les mamies de l'an 2000 se débrouillent-elles avec ces révolutions-contradictions que peu de jeunes prennent en compte vu les nouveaux soucis qui les accablent ?

Les petits-enfants ne retrouvant pas l'idéal confitures et ronron dans le sage fauteuil, regrettent-ils l'image ancestrale véhiculée par certains parents et lectures ?

Qui sont ces sacrées mamies qui résistent à de tristes perspectives en refusant les anciens schémas ? Si certaines ont préféré suivre plus ou moins le destin de leurs aïeules, se sacrifier à la famille, servir de baby-sitters inconditionnelles, d'autres savent tirer parti du passé et du présent pour faire un choix qui leur va bien. J'en ai rencontré.

Il me semble qu'on en a fini avec les grands-mères austères, aigries par une vie de soumission sans désirs personnels, incapables de s'adapter au progrès positif et au mode de vie de leurs petits-enfants. S'il reste quelques mamies désagréables, elles le sont de nature et l'ont toujours été, même à 30 ans…

Quant aux autres, toujours prêtes à rire, à jouer au scrabble ou aux jeux vidéo, amoureuses sur le tard ou préférant leurs copains au déjeuner familial du dimanche, elles peuvent « faire désordre », mais je crois qu'elles laisseront joyeuses traces.

III

Mère-Grand, Mémé, Bonne-Maman, Mamie-Nova ou Mamie-Web ?

Chaque fois que naît un enfant, naissent aussi un grand-père et une grand-mère qui n'ont rien demandé. Certes, on a plusieurs mois pour s'y faire, on est ému en arrivant à la clinique, c'est le plus beau bébé (enfin presque…), les copines encore vierges en « grand-parentalité » rient sous cape et, quant aux amoureux des quinqua célibataires, inutile de leur annoncer triomphalement la nouvelle.

« Arrheu… arrheu » et bientôt voilà le charmant bambin qui balbutie des mots sur lesquels il est bon de s'extasier : « papapapapapap » ou « mamamamam ». Délicieux jusqu'au moment où il faudra bien donner un nom à la dame un peu ronde, un peu ridée qui s'approche, câline… et porte des cadeaux. À peine sur ses pattes, l'enfant approche, s'empare de la peluche et voilà que les parents s'exclament en chœur : « Dis merci à… » Et là, surprise, vient un surnom étrange que ladite dame n'avait pas prévu.

Qui décide comment on va appeler la maman de papa-maman ?

Si l'on veut éviter « mémé », « mamounette » ou « mémère » qui colleront aux oreilles très très longtemps, mieux vaut prévoir, car un nom de nouvelle grand-mère, c'est pour la vie et moult fois répercuté pour peu que fils et filles soient partis pour repeupler la France.

Le choix étant large, il est bon de trouver ce surnom avant la naissance, quitte à subir les commentaires plus ou moins sympathiques des intéressés ou même de ceux qui n'en ont rien à faire : collègues de bureau, épicier, ouvrier qui ce jour-là repeint les plinthes…

Certaines mamies en herbe ont l'art de questionner tout leur entourage jusqu'à ne plus savoir si elles seront Mémère ou Mamie Germaine (si on porte ce joli prénom) ou encore, pour les plus hardies, Méméneou Mamita.

Pour celles qui manqueraient d'imagination et seraient toujours en recherche la veille de la livraison, je propose une liste de termes trouvée sur des blogs d'ados et le site spécialisé Seniorplanet : Mamybonbon, Nanny, Nanou, Babouchka, Mamilou, Milune (celles qui ont des lunettes), Milaine (celle qui tricote) et même mamie-arsouille…

Plus récemment, j'ai entendu Cybermamy (les bébés sont précoces), Mamie-trotteuse pour sa trottinette ou Supermamie qui met, dès le départ, la barre très haut. Sans compter les copines au téléphone, se croyant originales : « T'as pensé à Manou, c'est pas mal, non ? » et de la part sans doute d'un farceur : « Et Mamouillette, t'en penses quoi ? »

On peut aussi consulter le dictionnaire où j'ai lu :

- mère-grand (régional), mémé, mémère (populaire), bonne-maman (désuet) ;
- pour le terme de grand-maman suit une citation de Balzac : *« Petite vieille sèche que l'on dit fort aimable » ;*
- puis d'un certain Amiel en 1866 qui aurait écrit : *« C'est la plus fraîche des grand-mamans, encore blonde et déjà grassette » ;*
- plus loin, à « Signification de grand-mère », on trouve : « femme très vieille » ;

- plus instructif : c'est en 1529 que le terme de grand-mère a remplacé celui d'aïeule ;
- plus près de nous, Internet s'est mis à développer un vocabulaire dément à ce sujet et je conseille à celles qui s'y collent, de prendre leur temps. Voici un extrait chiffré de mes trouvailles : *« On appelle les grands-parents affectueusement papi (ou papy) mamie (ou mammy), mémère, mémé (utilisé à 19 %), grand-mère (11 %) indiqué comme "trop distant" ou bobonne. »* Je ne connais aucune adepte de ce dernier surnom, mais si Internet le dit…

Au passage, je lis que l'arrivée du bout de chou, enfin tout au moins du premier, donne un coup de blues, le mamyblues, mais que l'on s'en remet, décidée plus que jamais à rester en forme pour aller en discothèque avec le bébé devenu plus tard jolie minette. À cette perspective, le bébé semble acquiescer d'une risette, mais pour l'accompagnement en boîte, il faudra voir plus tard si le scénario de *La Boum* est vraisemblable.

Cet exercice est d'autant plus difficile qu'il y a de plus en plus d'arrière-grands-mères qui ont leur mot à dire, d'où un vocabulaire diversifié où aïeules et bisaïeules peuvent choisir Nanny, Nanou, Manou, Babou, Bouchka, Mamoune, etc.

Aux dernières nouvelles, on peut aussi opter pour Mafleur (la jardinière), Mamido (la musicienne) et Mamivélo… Attention, ces « surnoms » devront survivre même quand la bicyclette sera rangée pour cause d'arthrose ou le jardin disparu.

Pour moi, pensant que chaque mamie est unique, et vu que mes petits-enfants en ont une de chaque côté, j'ai souhaité ajouter mon prénom à Mamie. Pas très original, surtout quand les enfants terribles ou joueurs oublient la deuxième partie, et que me voilà neutralisée mamie n'importe qui…

IV

Une mamie, pour quoi faire ?

Entre papa-maman, tantines et tontons, cousins-cousines et autres grands-parents, Mamichou ou Mamounette va devoir trouver sa place sachant que la mamie idéale sait faire preuve de grandeur d'âme, de générosité et de discrétion. Un challenge pour lequel toutes ne sont pas douées, et que la famille observe avec attention. Comment va-t-elle le prendre ? Sacré coup de vieux ! Va bien falloir qu'elle se range…

D'autres mamies en puissance s'y préparent depuis toujours et ne voient rien venir, insistant lourdement : « Ton amie Françoise vient d'avoir de jumeaux… » ou « Il serait peut-être temps d'y penser… »

Enfin, les vraies grands-mères, celles qui sont douées, ont déjà préparé chez elles le coin bébé avec mobile à mickeys au-dessus du berceau et chauffe-biberon dernier modèle, comme si, dès la sortie de clinique, le nourrisson allait atterrir chez sa mamie… Peu importe le nom qu'on lui a choisi et le sexe de l'enfant, elles sont prêtes et aimantes aux premiers signes d'une grossesse en vue, suppliant la future mère de s'asseoir, de porter talons plats et autres réflexions susceptibles de favoriser les relations belles-mères-brus…

Si, auparavant, grand-mère était souvent à demeure, sans pour autant avoir toujours de bons contacts avec les plus petits, mamie New Age vit souvent loin, avec ou sans papy, parfois dans une autre ville, et la communication passe par portable et Internet… Ici aussi grand écart entre ce qui attend le nouveau-né d'aujourd'hui et les bébés roses ou bleus des années cinquante.

Les sexagénaires actuels n'ont pas toujours connu leurs grands-parents qui partaient souvent avant l'arrivée des petits-enfants, ou dans leur petite enfance, même s'ils occupent toujours une place dans leur cœur.

Pour ma part, le grand-père décédé bien avant ma naissance flotte toujours en images et souvenirs grâce à mon père qui entretenait sa mémoire. Si adultes et seniors parlent de leurs parents et savent transmettre les souvenirs de génération en génération, les anciens planeront gaiement au-dessus des familles, formant une trame nécessaire à l'évolution des petits… et des grands. À quoi servent ces réminiscences ? À rien de concret, mais à la mémoire collective et particulière, au patrimoine, aux racines nécessaires ; et, pour ceux qui, dans leurs ascendances, comptent plusieurs formes de cultures, quelle richesse !

Pourrait-on s'en passer ? Oui, bien sûr, mais quand je vois les enfants éloignés ou démunis de mamies-papys écouter les autres parler avec attention de la dame disparue qui était dans la Résistance ou d'un grand-père marin ayant fait le tour du monde, j'ai l'impression qu'ils les envient. J'ai d'ailleurs trouvé pas mal de BD pour les petits axés sur les joies et les gags de grands-parents imaginaires. Il est touchant de les voir émus devant le dessin d'un Gepetto, sympathique grand-père moustachu de Pinocchio ou de « vraies grands-mères » comme on n'en fait presque plus, prenant longuement les petits sur les genoux pour leur lire des contes…

À chacune sa recette et son rôle. Si certaines femmes sont prêtes pour cette mission périlleuse et sensible, attendant avec joie l'âge d'être appelée Mamie ou Mémène, peu leur importe, d'autres abusent de leur pouvoir de Mamma, abreuvant les petits de rengaines et anecdotes qu'ils ont entendues mille fois déjà, tandis que les mamies superbookées passent en courant d'air chez leurs petits-enfants.

Mamie oui, mamie non ?

Il y a même des femmes qui font grise mine non pas devant le chérubin mais devant le cap et l'avancée en âge qu'il induit. On est rarement mamie dans sa jeunesse et devenir soudain l'aînée de deux générations marque le temps… mais lorsque l'enfant paraît, il faudrait être bien méchante pour ne pas craquer.

Très, voire trop présentes, intermittentes ou à l'autre bout du monde, les mamies sont, le plus souvent, bien accueillies par leurs petits-enfants, les premières années. Kilikili… les joujoux, les grimaces et les rires pour tout et rien, tout le monde il est bon, tout le monde il est content…

La situation évolue avec l'entrée à l'école où les bambins échangent entre eux et sont heureusement moins inconditionnels. Papy ou mamie n'ont plus forcément toujours raison, le doute s'installe, on pose des questions pour vérifier et certains bambins se battent avec d'autres : « Mon papa il a dit que… » et « Moi, mon papa il sait tout »…

En apprenant, en regardant vivre les copains, ils acquièrent le sens critique, font la différence entre les papys-mamies des autres, les parents de maman et ceux de papa. Mamie qui les amène manger des glaces ou au cirque, « c'est pour les petits »… et les enfants ne rêvent que de grandir.

Eux-mêmes se différencient, ont des complicités ou des conflits avec leur environnement et choisissent leurs relations, y compris familiales. Encore authentiques, ils peuvent proclamer, au grand désarroi de leurs parents, que « Tante Agathe sent mauvais… » ou que, puisque « Papy mange ses frites avec les doigts… », ils peuvent aussi s'en donner à cœur joie !

Dans le meilleur des cas, s'ils sont curieux et les mamies à l'écoute, ils vont poser des questions et pendant un temps apprécier qu'on en sache plus qu'eux, qu'on ait voyagé, connu des mondes et des périodes multiples. À la mamie de les suivre dans leur langage, leurs rites, leurs rythmes et jeux… La communication n'existe que si elle se fait dans les deux sens.

Attention puberté ! L'adolescence est un âge difficile pour eux et ceux qui les entourent. Les parents sont sur le qui-vive et il faut discrétion et beaucoup d'adresse aux mamies pour éviter de se faire classer brutalement au rang des « *has been* ». À nous de ne jamais oublier notre propre adolescence et les difficultés de cette étape.

Je ne voudrais surtout pas revivre mes 13-15 ans ; au sortir de l'enfance protégée, il faut être soudain performant partout : les études, les examens et les premières amours maladroites et perturbantes. Craignant d'être incompris tant les écarts d'âge avec les parents et encore plus avec les grands-parents ressemblent à des gouffres de silence et de malentendus, on découvre la solitude.

Les copains et les copines se replient aussi, les parents ont d'autres soucis en tête. Quant aux émois amoureux, papa a besoin de temps pour réaliser que sa « fifille » est devenue minette et que les regards des garçons, voire des hommes, ont changé de couleur.

Chaque phrase venant d'un grand est suspecte, surtout de ceux qui les aiment et redoutent de les voir confrontés à des réalités plus ou moins dramatisées par les médias. Il est des parents plus inquiets que d'autres, se méfiant de la vie sociale extérieure pour leurs ados, alors que, sans cela, il est impossible de se construire et de s'ouvrir aux autres, sur des terrains inconnus pas forcément hostiles.

Les parents créant un « ghetto » pour leurs enfants ne savent pas toujours qu'ils compromettent leur avenir et leurs relations, ceux qui autorisent toutes les sorties sans se renseigner un minimum, se réservent parfois de mauvaises surprises. Les parents parfaits n'existent pas (ni les mamies sans fautes).

La vie actuelle est dure, la puberté des enfants correspond souvent à un temps périlleux pour les adultes dans leur travail et parfois dans leur couple. Dans les meilleurs des cas, certains jeunes ont un copain, une copine privilégiée pour les confidences.

Quand j'avais 15 ans, ma grand-mère me semblait à des milliers de kilomètres de moi, bien que vivant chez nous. De ce côté-là, il y a toujours un fossé, salutaire me semble-t-il. Je crois que le plus important est de leur laisser vivre leur jardin secret, d'exprimer qu'on le respecte et qu'il est nécessaire, sans pour autant les isoler : la quadrature du cercle, surtout pour les parents, en première ligne.

Malgré l'évolution des mœurs, des relations et les mamies « dans le coup », les adolescents découvrent les écarts à tous niveaux entre générations, d'autant plus que les mamies sont souvent incapables de suivre leur fougue, leurs emballements, leurs bifurcations insolites, car trop soucieuses, trop protectrices. Lorsqu'on sort de l'enfance, on veut goûter à tout, on est tenté par tout, on veut grandir vite pour être libre, vivre tout ce qui se présente et surtout ce que les grands redoutent… L'interdit a toujours plus de goût que le permis. L'adolescence est faite de j'y vas-ti j'y vas-ti pas, d'audaces et d'incertitudes, de peurs, de besoin de câlins d'enfance et de distance d'adulte, de personnes à qui on voudrait faire confiance, de personnages qu'on idolâtre, et d'autres dont on se méfie à tort ou a raison. Et cela de tout temps. C'est en gardant bien en mémoire nos années délicates que nous resterons en écho avec nos ados, étant présentes et peut-être muettes mais en résonance. Confiance et prudence sont deux éléments à manier avec adresse. Sans confiance ni respect, la relation se meurt…

Côté parents, inquiets de voir leurs petits aborder l'autonomie, les voyant toujours fragiles et démunis comme des petits enfants, ils craignent les influences autres que les leurs, différentes de leur culture et croyances… et il y a beaucoup plus à craindre en ce siècle que lors des Trente Glorieuses. Sacrée période que l'adolescence des enfants pour les parents, et que les mamies ont la chance de pouvoir regarder de loin.

Pour elles, c'est plus facile, surtout si elles ont de l'humour. Même si elles racontent leur Woodstock et leurs flirts, elles seront toujours d'un autre âge comme si les désirs, les espoirs et les impulsions changeaient immanquablement d'une génération à l'autre. Difficile de laisser croire aux petits-enfants qu'ils découvrent tout et que nous ne savons presque rien… sinon des choses dépassées et inutiles. Il faut savoir aussi mesurer ses phrases, tant l'ado est prêt à bondir, à claquer la porte et à monter dans sa chambre sur un mot de trop, on ne sait lequel…

Phase encore plus périlleuse, celle où les mamies sont mises en difficulté par des jeunes venant leur poser des questions auxquelles les parents ont déjà répondu, espérant autre chose, un autre regard et peut-être une permission tacite ou pas.

Attention au retour de bâton si l'ado revient à la maison avec un « Mamie a dit que le hasch, elle avait essayé… » ou « Chez Mamie, on regarde telle émission tardive »…

Mais restons optimistes. La belle différence avec les grands-mères tricot, prières et fricot, c'est que, si les « djeuns » ont leur vie, leurs copains, leurs études et leurs loisirs, vont faire de la gym, danser ou au cinéma… les mamies aussi !

Elles en sont peut-être au madison et ne voient pas forcément les mêmes films, quoique, mais ils peuvent échanger ensemble sur d'autres thèmes que l'apprentissage des bonnes manières ou du mironton.

Côté habillement, enfin… les fringues, les ados ont leur style et maman son avis, mais leurs mamies peuvent aimer aussi le shopping sans être perçues pour autant comme sponsors, à condition pour elles de connaître les boutiques où les tailles sont inférieures au 38…

Mais attention aux limites : elles ont beau écouter du rap, regarder quelques films « gore », savoir dire « je suis vener » et comprendre « j'ai la haine » (j'aime pas) ou « c'est mortel » (c'est sublime), l'ado aura presque toujours sur elles un regard circonspect du style : « Elle plaisante ou elle aime vraiment Diam's ? »

Et il faut savoir que, même si l'on arbore fièrement de superbaskets, elles auront toujours au moins trois mois de décalage avec les dernières tendances du collège : « C'est quoi Mamie c'que t'as aux pieds… »

Si on fait un effort en essayant pour la rando le sac à dos, rose ou rouge, barbouillé de tags incompréhensibles, voilà que justement la tendance vient de changer et que le large sac à multiples poches a repris le dessus : « C'est quoi mamie ce truc que t'as sur le dos ? »

Inutile de tricher, il suffit de se rappeler comment Dutronc ou Antoine étaient traités par nos propres parents… Une exception : Claude François qui a retrouvé bonne presse trente ans après, offrant à certains jeunes l'occasion de mieux connaître les paroles d'*Alexandrie Alexandra* que les anciens.

On peut aimer Bruel, l'ancêtre…, et Grand Corps Malade sans pour autant classer le premier dans les meilleurs et les slameurs dans les nuls… Rappelons-nous combien Aznavour était traité à ses débuts. Attention au « c'était mieux avant », pas seulement pour la relation à nos petits-enfants mais parce que ce serait la pente raide vers la décrépitude et la solitude puisque rejetant la majorité du monde. Il faut rester lucide, ne pas oublier que ceux qui nous trouvent encore jeunes seront de moins en moins nombreux !

Alors échangeons nos CD (pas forcément Brassens mais ceux que nous découvrons sur *NRJ* ou *Fun Radio* et qui peuvent nous plaire), nos lectures (il y a des livres instructifs et très rigolos en BD), apprenons à écrire des SMS (par exemple « kwa29 ? » pour « quoi de neuf ? »).

Mais attention, on ne peut pas plaire à tout le monde et certains petits-enfants auront malgré tous nos efforts, des complicités avec certaines mamies et des inimitiés avec d'autres… Il faut s'y faire et je préfère la sincérité d'aujourd'hui au soi-disant respect des vieux qu'on apprenait à l'école, simplement parce qu'ils étaient vieux et que l'on devait aimer d'office ses grands-parents… Quoi de pire que d'entendre dire avec un soupir : « Il va encore falloir aller voir Mamie ! »

Entre nous, grands-parents ou pas, il y aura toujours sur Terre des insupportables et les autres…

Côté cinéma et vidéos, qui prennent tant de place aujourd'hui, entre romances de nos grands-mères ou *Sissi impératrice* et films violents, l'on peut faire des compromis qui plaisent à tous. Les films actuels ne laissant rien passer de la réalité, il y a toujours de quoi échanger sur l'amour, les leurs, les nôtres, évoquer notre adolescence plutôt que se rigidifier en statue impassible et irréprochable qui n'aurait jamais connu d'émotions sensuelles avant 35 ans…

Il me semble que tant que j'apprendrai de mes petits-enfants, je me sentirai bien vivante. Ce que je leur transmets ? Je l'ignore, ils le sauront bien plus tard et cela leur appartient.

Alors à quoi servent les mamies ?

Confitures, surgelés, dialogues et confidences, télé, judo ou rando, elles sont là, plus toniques et présentes qu'avant, intérimaires, complément d'affection, soupe au lait ou zen attitude, exigeantes ou tolérantes, mais elles-mêmes, car elles ne cherchent plus à rentrer dans un moule. Aucune mamie ne ressemble à une autre. Chacun a la sienne, comme chaque petit-enfant est unique.

Les mamies qui prennent le temps d'observer et de respecter le caractère et les aspirations des plus jeunes se préparent de beaux moments d'affection…

V

La grand-mère idéale (celle que l'on va voir avec plaisir)

J'ai eu, très normalement, deux grands-mères. L'une portait ce surnom, on nommait l'autre Bonne-Maman.

On pouvait ainsi facilement savoir de qui on parlait, d'autant plus que la plus chouette était celle qui portait le surnom de « bonne », l'autre étant… la plus grande. Ma bonne-maman était gaie, toujours partante pour sortir jusqu'à son dernier jour et, si la radio donnait une valse, elle embarquait mon père dans la danse. Je l'entends encore s'étonner à plus de 80 ans que « la tête [lui] tourne » après plusieurs entrechats, et mon père disait souvent : « J'aurais dû épouser ma belle-mère » devant l'entrain de celle-ci.

Il est vrai que ma mère était moins drôle et cuisinait moins bien. Bonne-Maman était aussi ronde que gourmande et a eu l'élégance de partir doucement, dans son lit, sans traîner, à un âge élevé pour l'époque. C'était presque une grand-mère « idéale » et je ne renâclais pas à aller passer quelques jours chez elle.

De l'autre côté, aïe… Je pense maintenant que cette longue dame sèche toujours en noir, un ruban de velours serré autour du cou et toujours munie d'un chapelet dont elle faisait rouler les grains dans ses mains noueuses, ne devait pas avoir été très heureuse pour passer ainsi ses journées à marmonner.

Quand mes parents disaient, comme tous les parents je suppose, « embrasse ta grand-mère », je m'approchais et me hissais sur la pointe des pieds. Elle tendait ses joues glacées et ridées sans jamais rendre le baiser. Mon père la vouvoyait et je ne sais comment je m'adressais à elle, vu que je ne me souviens pas de lui avoir parlé. Entre prières et lecture assidue du magazine *Le Pèlerin* ou *La veillée des chaumières*, elle était déjà pour moi, enfant, dans un autre monde.

Comme toutes les petites filles (et petits garçons) j'aimais et j'avais besoin de voir les gens rire et plaisanter, avoir l'œil qui frétille et que mes proches me regardent tendrement. Chez Grand-Mère, c'était raté. Heureusement que la joie de vivre de « bonne »-maman compensait cette austérité.

Dès que je suis devenue « jeune fille », il me semble que le regard de toute la famille se mit à changer. On parlait de moi mais pas à moi et on arrêtait les dialogues si j'entrais dans la pièce. Sentiment fort désagréable que de se sentir jaugée, jugée sans savoir pourquoi. Dans mes souvenirs, ni l'une ni l'autre ne sut engager de communication avec leurs petits-enfants, sinon quelques banalités de l'ordre : « Les enfants ne parlent pas à table… » ou « Ça va bien à l'école ? » sans attendre la réponse. Nous étions « quantité négligeable » et si l'on parlait de nous c'était entre adultes. J'ai rencontré depuis des personnes de mon âge qui ont eu la chance d'être plus entourées et qui gardent beaucoup d'affection pour des grands-parents chaleureux, d'un côté ou de l'autre. J'ai dû tomber au mauvais moment ou me comporter autrement que ce qu'on attendait de moi…

Parfois, il m'arrive de penser : et si j'avais pu choisir ?

Rêvons un peu. Physiquement, l'allure et la silhouette de l'une et les rondeurs de l'autre me convenaient, mais j'aurais bien aimé une mamie riant avec moi et m'écoutant, ou mieux, pressentant, sans que j'aie à les dire, mes joies, mes soucis et mes difficultés.

J'aurais pu atterrir chez elle quand je le souhaitais, sa porte aurait été pour moi toujours ouverte, elle m'aurait protégée discrètement mais aussi poussée vers la liberté d'être et de penser… Elle m'aurait donné à la fois sécurité, confiance en moi et le goût de l'aventure, des autres et des voyages…

Elle aurait entendu ce pour quoi j'étais douée et aurait insisté auprès de mes parents pour que j'aille vers mes aspirations… En trois mots, je lui aurais fait confiance et elle aurait agréablement complété l'éducation parentale.

J'aurais aimé que Grand-Mère ou Bonne-Maman me donnent les atouts et les forces pour grandir harmonieusement… Certes, devenue grande j'ai compris les erreurs et maladresses de papa-maman ainsi que le pourquoi de ces lacunes. Nul n'est parfait et je ne l'ai pas été avec mes enfants. Mais parlons d'autre chose…

Ma mamie parfaite, j'aurais été contente de la voir pour rire avec elle de ses souvenirs, ses sorties et voyages (mes grands-mères au foyer-tricot-cuisine avaient peu à dire d'excitant). Ma Mamie parfaite m'aurait préparé exactement ce que j'aime, aurait remarqué mes nouvelles chaussures, apprécié ma nouvelle coiffure, m'aurait encouragée à dessiner, à danser, à faire tout ce pourquoi je semblais douée. À l'âge des incertitudes, elle m'aurait dit que j'étais jolie, que j'avais du charme, même si ce n'était pas vrai, mais parce qu'elle m'aurait aimée et donc trouvée la plus belle…

C'est ce que j'essaie d'être pour mes petits-enfants, et je me trompe peut-être puisque les petits-enfants se suivent et ne se ressemblent pas…

Il faut bien qu'ils sachent que, si les mamies ne sont pas parfaites, c'est qu'elles ont leurs soucis, leurs difficultés, un long passé pas toujours rose et un avenir un peu court…

Il y a des mémés-bobos et des mémés-fiesta et c'est parfois la même, recto verso, selon les jours.

La majorité des grands-mères d'hier (les bien élevées, obéissantes ou résignées) était au service de leur famille, ainsi que leur éducation les y avait préparées. Elles pourvoyaient à la bonne santé des leurs, au bien « manger », leur indiquaient les « bonnes manières » et les bonnes lectures. Sécurisantes, à leur place, silencieuses et « approuvantes », disponibles, leurs comportements et façon de penser étaient quasiment les mêmes pour toutes… Rien à voir avec les mamies 2000 qui exercent souvent encore un métier, ont leur vie bien remplie, des activités très diversifiées et des projets personnels avec mari ou nouvel amoureux…

Le rêve de la « bonne grand-mère » subsiste dans la tête des enfants comme celui de la jolie fée et plus tard, du prince charmant…

La vie avance de plus en plus vite avec ce qu'on appelle progrès (?), l'environnement est différent, les hommes n'enlèvent plus leur belle au galop et les grands-mères ne restent plus sagement dans leur fauteuil ou en cuisine, exclusivement aux petits soins des leurs… L'épanouissement personnel est l'objectif de tous et toutes sans distinction de sexe ni d'âge, et le bien-être de chacun rejaillit sur l'entourage.

C'est peut-être là que jeunes et moins jeunes peuvent se retrouver. En choisissant des produits sains, en veillant à faire bouger leur corps, à nager, à rester ouvert sur le monde selon les moyens modernes : Internet, portables, CD et DVD sans oublier les cartes postales…

Les outils à portée de tous offrent des points communs à plusieurs générations, mêmes s'ils n'enregistrent pas sur leur PC les mêmes musiques… Et je vous livre un secret de bonne entente : pour que l'on ait envie de nous voir, restons un peu à distance pour que ce soit les petits qui demandent : « Et si on allait voir Mamie ? »

Certains adultes regrettent peut-être les « grands-mères d'autrefois » sédentaires, silencieuses et à disposition, certaines leur ressemblent, mais je ne crois pas que ce soit là le rêve de tous les enfants. Plus ils grandissent, moins cette grand-mère-là est souhaitée. Quand on rêve, tous les souhaits sont soudain possibles et je vous livre des extraits de sondages amusants réalisés auprès des petits sur la grand-mère idéale :

- À 7 ans : « Qu'elle me donne à manger ce que j'aime, qu'elle me laisse regarder la télé et qu'elle me raconte des histoires, surtout de maman quand elle était petite... »
- À 11 ans : « Qu'elle ne soit jamais fâchée, qu'elle me dise des bêtises qui me font rire, qu'elle me fasse des frites... »
- À 14 ans : « Qu'elle soit moins sévère que les parents, qu'on fasse des trucs ensemble, cinéma, restaurant », « Les câlins et des réunions chez elle avec tous les cousins... »
- À 18 ans : « Celle avec qui on a une complicité, les mêmes enthousiasmes, les mêmes curiosités, les rigolades ensemble... »

Et pour clore ce chapitre et nous convaincre que ce n'est pas si difficile d'être grand-mère, voici de délicieux échos de petits garçons :

- « Une grand-mère est une femme qui n'a pas d'enfants ; c'est pour cela qu'elle aime les enfants des autres... »
- « Les grands-mères n'ont rien à faire ; elles n'ont qu'à être là. Quand elles vous emmènent en promenade, elles marchent sans écraser les feuilles ni les chenilles... En général elles sont grosses, mais pas trop, pour pouvoir attacher nos souliers. Elles savent qu'on a toujours besoin d'un second morceau de gâteau, ou du plus gros. Une grand-mère ne frappe jamais un enfant, elle se met en colère en riant. Quand elles nous lisent des histoires, elles ne sautent jamais un bout et elles n'ont rien contre, si on leur demande la même histoire plusieurs fois. Les grands-mères sont les seuls adultes qui ont toujours le temps. Elles ne sont pas aussi fragiles qu'elles le disent, même si elles meurent plus souvent que nous. Tout le monde devrait essayer d'avoir une grand-mère, surtout ceux qui n'ont pas la télé... »
  (Extrait du site Internet www.uniondesfamilles.org).

VI

Les mamies 2000 : championnes au marathon !

Les mamies de l'an 2000 ont gagné un extraordinaire marathon un peu oublié, semble-t-il.

Soumises durant des siècles à tout ce qui était inventé et décidé par les hommes, elles ont, en deux décennies, (1950-1970) transformé la société occidentale avec l'égalité des pouvoirs hommes-femmes. Tout n'est pas gagné, aux petites-filles de continuer (?) et d'être vigilantes quant aux acquis à maintenir, mais il faudrait plus souvent remercier ces pionnières car la bataille a été dure.

Donc, une petite piqûre de rappel :

Alors que l'homme était pourvoyeur de fonds et que nos grands-mères devaient chaque semaine demander leur enveloppe pour les courses et l'entretien, elles obtinrent l'accès aux professions pour toutes et donc l'autonomie financière des femmes, avec de longues études possibles et des places de responsables, certaines encadrant même des hommes qui jusque-là restaient entre eux… Les vieux machos en tremblent encore. Les petites-filles ne doivent jamais oublier que la dépendance (et l'indépendance) commence par le portefeuille…

Dans la foulée de cette première victoire suivit la possibilité de quitter un mari et une situation invivable qu'elles étaient obligées de supporter auparavant puisque sans ressources (loi 1975).

Pour la première fois dans l'histoire, elles ont eu le choix d'avoir ou non un enfant (contraception et IVG dans les années soixante-dix) quand elles veulent, quand elles se sentent capables de l'élever (avec de préférence un papa...).

Les portes enfermant nos aïeules qui passaient de la férule parentale à la domination conjugale s'ouvrirent à un célibat actif, des sorties nuit et jour, seules, sans jugement, sans permission et sans « duègne », des initiatives partagées pour séduire ces messieurs plutôt que d'attendre en « faisant tapisserie ». Terminée la file d'attente des mal loties qu'on invitait jamais à danser dans les bals.

Les mères d'après-guerre ont dû renoncer à suivre leurs filles (mamies aujourd'hui) qui couraient derrière Juliette G., Benoîte G., Simone de B., Élisabeth B. et les autres... Pour la plupart des familles, c'était la révolution que l'on appela « sexuelle » ou « libération des femmes ».

Elles ont tellement couru, les filles du baby-boom, qu'elles sont arrivées partout les premières sans pour autant être fatiguées, bien au contraire... Fini le sexe dit faible. Au lycée, elles sont passées devant les garçons, plus nombreuses qu'eux à obtenir leurs diplômes. Dure fut la défaite pour ces messieurs qui, jusque-là, n'avaient que des privilèges et se reposaient peut-être sur des lauriers intouchables... Il reste encore à faire et que les fillettes se le disent, car, si plus de filles suivent des études poussées, on en trouve encore trop peu aux premières places en entreprise.

N'oublions pas la joie de cette libération ! Le temps des copines, des premières soirées jusqu'au petit matin en boîte, le temps d'apprendre enfin à dire non et d'épouser (ou pas, mariage et flonflons facultatifs) qui leur plaît, le temps de la mixité et du flirt dès 14 ans... Et 68 en verra beaucoup, partir sac au dos, barouder vers les Indes ou l'Afrique, sanglées dans les premiers jeans comme les garçons !

La pilule et un certain mois de mai firent sauter les derniers verrous, interdits et tabous (dont certains, me semble-t-il, reviennent insidieusement).

C'était le temps de « *peace and love* », des communautés, des citadins élevant des chèvres… la grande récré! Danses au clair de lune, fleurs dans les cheveux, larges jupes gitanes et « pat'd'eph », musiques psychédéliques, massages et nudité à tout venant, patchouli et méditation…

Cette étape d'émancipation avait autant de force que les chaînes qui, depuis plusieurs siècles, enfermaient les filles.

Tout cela grâce aux mamies d'aujourd'hui qui ont ouvert ces portes pour elles et leur ascendance féminine, s'engouffrant joyeusement vers un terrain inconnu mais combien palpitant.

Bien sûr il y eut des excès mais les écarts et les dérives étaient minimes par rapport aux chaînes d'antan et à la détresse de certains jeunes d'aujourd'hui.

L'espoir d'une vie meilleure, proche de la nature, a fait chanter, danser et s'aimer les jeunes des années soixante-dix et leur a donné force et solidité pour être aujourd'hui de joyeuses mamies pas prêtes à lâcher prise.

Difficile d'expliquer cela aux enfants et aux ados du troisième millénaire alors que cette victoire devrait faire partie des livres d'histoire! À 17 ans, on veut toujours avoir inventé ce qu'on découvre et sans doute a-t-on besoin de le croire, mais cette révolution n'a pas la place qu'elle mérite dans notre patrimoine. On ne parle pas assez du courage et des conflits violents qu'il fallut surmonter, en famille et jusqu'au Sénat, pour acquérir une liberté légitime que jusque-là on nous refusait.

La libération sexuelle éclata à Paris et dans les facultés mais toute la population, bon gré mal gré, était touchée, et les bien-pensants avaient du mal à retenir la digue devant la ruée des femmes devenues responsables, de leur vie et de leur corps.

Amusant: du côté de ceux qui s'évertuaient à maintenir les bonnes mœurs, on a vu naître des tas de petits prématurés, les parents sidérés passant sous silence les fiançailles de filles au bedon déjà bien rond dont on accélérait le mariage. J'ai vu combien de grands-parents et vielles tantes s'extasier sur des bébés qui après sept mois de grossesse avoués, pesaient quatre kilos !

A suivi une époque permissive chez certains dont les psychanalystes ont dit autant de bien que de mal… Il n'y a pas de recette pour faire de ses enfants des adultes épanouis avec bonheur garanti !

Pour la première fois aussi dans l'histoire, les ados avaient des parents à qui ils ne pouvaient surtout pas reprocher sévérité et principes immuables. Cela faisait un peu désordre et, pour s'opposer aux mères qui s'éclataient, on a vu certains jeunes revenir à des comportements hypertraditionnels. La roue tourne.

Quand ces femmes fleurs ont grandi, mariées ou pas, leurs enfants ont fait des enfants et même des petits-enfants, ce que Woodstock (mégafête du rock où se retrouvèrent les hippies du monde entier en août 1969 à Bethel USA) n'avait pas prévu, et la plupart sont devenues de drôles de mamies. L'âge a ralenti leurs ardeurs (peaux de chèvres en guise de matelas et traite à 6 heures du matin deviennent difficiles pour les urbains quinquagénaires) et les années quatre-vingt-dix, avec chômage et crise, n'ont pas facilité la mutation. Certaines ont rangé jupes gitanes et jeans « crados » pour épouser un P.D.G. ou devenir elles-mêmes femmes d'affaires, d'autres ont jeté leurs bonnets par-dessus les moulins au-delà des années folles, divorçant vers la quarantaine du militant repenti, et s'évadant avec plusieurs bambins sous les bras…

« Mamies-hyppies, le retour »

À noter qu'un mouvement récent intitulé « Arc en Ciel » reprend les rites et garde-robes des « sixties » sous l'influence bio-écolo. J'ai rencontré, il y a peu, au fond d'un bois, des bambins tout nus accrochés aux jupes de jolies filles aux cheveux longs, des guitares non électrifiées et quelques vieux barbus (grands-pères?) nus aussi, qui psalmodiaient au bord d'un ruisseau. La nuit, le tam-tam rythmait les mouvements, debout ou couchés... Ils ramassaient des racines, mangeaient des céréales, et l'odeur de ce qu'ils fumaient me rappelait quelque chose...

Pour donner une idée de la douce révolte sous le signe de *« peace and love »*, j'ai retrouvé des maximes de mai 1968, formules relevées sur les murs du quartier Latin et des facultés, attestant ce que furent les espoirs et l'enthousiasme des papys et mamies de l'an 2000:

- « Ils pourront couper toutes les fleurs, ils n'empêcheront pas la venue du printemps. »
- « Je suis marxiste, tendance Groucho. »
- « Penser ensemble non, pousser ensemble, oui. »
- « Les murs ont des oreilles, vos oreilles ont des murs... »
- « Vous finirez tous par crever du confort. »
- « La forêt précède l'homme, le désert le suit... »

Certaines mamies d'aujourd'hui ont gardé quelque chose de Woodstock et on appelle leurs années folles les Trente Glorieuses. Elles sont « charnières » entre deux mondes, uniques en leur genre car, si 1789 a bouleversé la société, leur jeunesse de 1960 a transformé le monde des femmes en leur offrant l'état adulte: égalité et responsabilité.

Parties prenantes ou pas de cette révolution, elles sont témoins d'un temps sans égal et de valeurs nouvelles à transmettre pour que leurs petites-filles et petits-fils vivent en paix et en amour.

VII

Littérature, contes, BD, recettes et maximes…

Si, en littérature classique, j'ai trouvé peu de grands-mères, les mamies prennent leur revanche en figurant actuellement en titres de livres ou comme héroïnes de feuilletons, romans, etc.

Molière, Corneille et Racine les ont ignorées ainsi que La Fontaine, même si ce dernier a placé quelques vieilles femmes par-ci par-là dans ses fables (ramassant des fagots, me semble-t-il), dont on ignore si elles se sont reproduites…

Saurons-nous jamais pourquoi la grand-mère du Christ, dont la fille était enceinte à 15 ans, n'était pas présente dans la crèche ? Joseph aurait-il eu des mots avec sa belle-mère ? Les rois mages auraient-ils fait des kilomètres pour voir le bébé tandis que bonne-maman préféra rester chez elle ? Bizarre…

Quant à l'impact des grands-mères sur Tintin, Zorro et Tarzan, il faudra bien s'en passer aussi.

Côté auteurs ayant écrit au titre de grand-mère, j'ai déjà cité George Sand, la scandaleuse repentie sur le tard, et la comtesse Rostopchine dont ma génération se souvient sous le nom de comtesse de Ségur. Cette dernière, dont tous les livres traitent de la famille, a néanmoins oublié les grands-mères. Chez Colette et dans les lettres de sa fille, il n'existe rien sur la suite de sa descendance, qui exista pourtant sous le nom de Jouvenel.

Dans les romans, les belles-mères ont eu leurs heures de gloire. Elles font rire chez Feydeau, Courteline, pleurer chez Mauriac et quelques autres. Les tantes à héritage sont en bonne place ainsi que les vieilles filles, espèce disparue, les unes comme les autres ayant pour point commun de n'avoir point de descendance.

La pièce *Ces dames au chapeau vert* et les romans policiers anglais, écrits d'ailleurs souvent par des femmes, ont connu un grand succès avec ces personnages. Mais toujours rien sur les grands-mères. Les mères et belles-mères disparaissaient dès que leurs enfants se reproduisaient, à croire que les naissances étaient néfastes aux mamies et au théâtre…

Progrès : il y a quelque trente années, en caricatures et BD, les dames de Faizant ont fait la gloire de certaines « rombières », mais pas sous les meilleurs auspices, et Brétécher les a achevées en dessinant des quinqua, dont les dialogues, en bulles, ne peuvent réjouir que les psychiatres… et quelques machos.

C'est depuis peu, en fin de siècle, que les mamies se sont réveillées et vraiment manifestées, notamment dans les séries télévisées où il est courant de voir des actrices quinquagénaires jouer des rôles « positifs » et ne point cacher leur progéniture. Ceux-ci, devenus parfois célèbres à leur tour sous le même nom (voir les familles Brasseur, Delon, Vadim), ont révélé, par leur présence, l'âge et la situation de famille de leurs ascendants. Il semble que Juliette Gréco, Jeanne Moreau, Bernadette Lafont et Marguerite Duras sont ou ont été grands-mères. Si certaines ont été discrètes sur le sujet, d'autres comme notamment Jane Birkin ne s'en cachent pas.

Les poètes qui ont préféré écrire en musique n'ont pas pour autant revalorisé l'image et la « Mère Michel » se voit nommer « vieille folle » tandis que Brassens a rendu l'aïeule célèbre, grâce aux bonnes manières de son gorille. En cherchant sur le net, j'ai trouvé une seule chanson, *Une grand-mère sur le toit*, dont l'auteur ne s'est pas fait connaître, et on comprend pourquoi quand on lit : *« On a eu de la chance au péage, Mamie dormait à poings fermés, les flics l'ont pris pour un bagage...* » C'est là que j'ai préféré stopper mes recherches.

Plus connu, plus récent, le coquin Pierre Perret a écrit *Faut pas pousser grand-mère dans le concasseur*, titre ne faisant pas partie de ses plus grands succès. Je lui préfère Mickey3D, beaucoup plus tendre dans une de ses chansons : « *Ma grand-mère a quelque chose que les autres femmes n'ont pas, ma grand-mère est une rose, une rose qui n'existe pas.* » Autre temps, autre chanson gentille : *Voulez-vous danser grand-mère* (1947).

Enfin cela s'arrange avec Besson et son *Arthur et les minimoys*. Ce film récent donne un joli rôle à une grand-maman dont les petits-enfants veulent absolument sauver la maison.

Quand j'ai découvert *Calamity Mamie* en librairie, j'ai frémi car le titre ne disait rien de bon. En fait, il s'agit d'une collection de BD actuelles aussi réalistes qu'amusantes. Albums de jeunesse ou romans-cadets, une trentaine de volumes traite les mamies d'aujourd'hui sous un angle humoureux propre à les faire aimer des petits.

D'autres titres me laissent perplexe : *Les dents de Mamie-Jeanne, Les parapluies de Mamie Rotus, Grand-mère Mambo et même En vacances chez Mamie cochon, Mamie-ouate en Papouasie* et enfin *Mamie y penser...*

Les recettes au mulot... qui explique, sans garanties, Internet aux mamies ! Fallait y penser...

Les livres de recettes étant ceux où les mamies et grands-mères sont le plus souvent citées, j'ai repéré cinq livres de cuisine dans les collections jeunesse, à usage de ces chers petits.

Mamie raconte-moi

Les histoires et contes ont toujours autant de succès lorsqu'on les lit aux moins de 5 ans avant le « dodo » ou après la promenade-goûter. Mais, si les grands-mères savent les raconter, elles sont rarement à l'honneur parmi les personnages de rêve.

Il y a bien les fameux *Contes de la mère l'Oye* où l'on indique que cette mère est une « vieille femme », mais avait-elle procréé ? Chez Grimm, j'étais ravie de trouver enfin le titre *Le Diable et sa grand-mère*, mais le parcours de cette « dragonne » est terrifiant, jusqu'à la fin où elle se rachète en sauvant trois soldats.

Il m'a fallu aller jusqu'en Russie (sur Internet…) pour trouver une babouchka sous le nom de Baba-Yaya, mi-sorcière, mi-ogresse, *« croquant les gens comme des poulets et les broyant avec mortier et pilon »*. Vive les cauchemars des Slaves en herbe !

Si les vieilles femmes étaient, le plus souvent, dans les contes, des ogresses ou des sorcières, rien ne dit qu'elles étaient grands-mères et cela vaut mieux ainsi. L'ogre est souvent stupide, l'ogresse s'avère intelligente mais perverse et les deux se nourrissent de chair fraîche. La sorcière toujours vieille, maigre et tordue, détient comme l'ogresse, souvent opulente, des pouvoirs maléfiques.

En rivalité permanente avec les fées, qui étaient toujours jeunes et belles, les vieilles dames des contes n'encourageaient pas les petits-enfants à aimer les grands-mères.

Les pires sont celles du *Chaperon rouge*, où l'on voit Mamie se transformer en loup cruel, et le conte *Hansel et Gretel* où la vieille héberge gentiment les enfants pour les engraisser et les faire cuire ensuite…

Fait consolateur ? Si les grands-mères des contes sont maltraitées ou ignorées, les belles-mères (mères adoptives) nommées « marâtres » ont toujours le mauvais rôle *(Blanche Neige, Cendrillon)*. Même si l'on sait que beaucoup de mères mouraient « en couches », le nombre des marâtres et l'absence des génitrices m'ont toujours surprise.

Me vient en pensée que, si les mères n'étaient pas dans les contes, c'était un choix d'auteurs qui pouvaient ainsi maltraiter la maternité, sans risque de représailles…

Le nom de « grands-mères » a beaucoup de succès côté recettes et conseils et j'ai repéré sur Internet : *Le petit livre des recettes de grands-mères, Les remèdes de grands-mères* et *Le livre de morale de grand-mère* signalant que l'image sage et dévouée de ces vieilles personnes persiste tout au moins dans les lectures.

Quatre-vingt-huit titres évoquent des recettes régionales, toutes régions représentées avec entre autres *Les recettes charentaises de nos grands-mères*, cette mémorable collection se retrouvant déclinée jusqu'aux Antilles.

Au total 588 000 résultats concernent les trucs, les salades, les confitures, les plantes et les remèdes…

C'est fou ce que nos grands-mères étaient instruites en ces domaines ! Pas besoin de médecin ni d'infirmières, ces dames à elles seules remplacent sur Internet un énorme dictionnaire médical.

J'ai tout appris sur vingt pages pour remédier aux verrues, migraines, plaies, panaris, cors aux pieds, rhumatismes, etc. À la suite de quoi on peut lire : « Commandez cet ebook et faites-vous plaisir ! » (extrait du site Internet secrets de grands-mères). Certes…

Il me vient à l'esprit que, si je souhaite être citée sur le web en tant que mamie, il va me falloir arpenter beaucoup de sentiers et tester des plantes en tous genres… à mes risques et périls.

Plus loin, toujours sur Internet, « Les remèdes de mamie », pages remarquables commençant par : « Ça me pique », « je suis constipée », « j'ai la diarrhée », « j'ai une horrible gueule de bois »…

Bien que n'ayant rien de tout cela, j'ai voulu en savoir plus et je me dois de vous conseiller plus particulièrement : des tartines de miel pour la gueule de bois, des bananes bien mûres pour la constipation (qui l'eût cru ?) et un bain d'avoine si… ça vous pique.

Amusant : un site intitulé « les trucs des grands-mères » déclare qu'il « décline toute responsabilité en cas d'accident ou de dommage résultant de leur mise en œuvre… »

Chaque recette étant signée de son auteur, ce préalable laisse croire que certaines grands-mères sont bien facétieuses.

J'y ai noté un spécial « vis et boulons », une solution pour « fermeture éclair grippée » et plusieurs façons d'arrêter le hoquet… dont une en quatre parties successives, qui laisse espérer que le pauvre « hoqueteux » se sera remis avant d'en terminer la lecture.

Je ne peux m'empêcher de vous livrer une des façons de stopper ce malaise : « Boire l'eau en lapant (à rappeler que selon les indications vous êtes alors dos parallèle au sol) et, au fur et à mesure que le verre se vide, le lever de manière à continuer de boire, sans discontinuer en respirant par le nez […] À la fin du verre le hoquet a disparu… » Optimiste… quant à la souplesse de certaines. J'ai du mal à voir comment placer le dos parallèle au sol (à moins d'avoir un hypnotiseur à disposition…) et boire sans discontinuer quand on est pris de hoquet !

Je conseille aux malheureux atteints de ce handicap de persévérer dans leur lecture d'écran car on trouve plus loin une recette plus simple consistant à boire d'un trait un verre d'eau chaude. On se demande pourquoi perdre du temps sur quatre paragraphes et moult contorsions invalidantes ?

Autre conseil, autre grand-mère, toujours pour le même mal, apparemment très répandu chez les internautes : « manger un sucre trempé dans du vinaigre », moins bon mais facile.

Bizarre cette obsession du hoquet chez les grands-mères, où les formules proposées s'apparentent plus à une forme de gymnastique qu'à la douceur d'un répit bien mérité. Je vous livre ce que j'ai trouvé plus loin : « Poser les lèvres sur le rebord d'en face (toujours du verre d'eau) en étant plié la tête aux genoux (?), boire l'eau à l'envers en vous redressant et… c'est la tranquillité retrouvée. »

Et enfin, toujours de la part d'une grand-mère coquine, pour ce même problème décidément récurant : « Poser un glaçon entre le pubis et le nombril... » Pratique en public !

Les grands-mères auraient-elles plus souvent le hoquet que les autres ou y a-t-il eu, au moment de la création de ce site, une épidémie de hoquet ?

Autres domaines : j'ai appris qu'il faut faire briller l'argenterie avec du dentifrice, méthode facile et peu onéreuse... mais suscite chez moi un questionnement : qui passe du temps actuellement à « briquer » l'argenterie ? Quelques châtelaines oisives ?

Autres trucs où ces dames sont plusieurs à se faire concurrence : ouvrir un bocal au couvercle récalcitrant ou faire monter une mayonnaise qui veut « rester en bas »...

Autant de trucs pour les mamies qui prennent le temps de touiller les œufs et l'huile à la maison alors qu'on en trouve de très bonnes toutes prêtes...

Sur un site « Grands-mères nouvelle génération » j'ai cru trouver du nouveau, mais la suite indiquait : « Portail santé de la femme, spécialisé en ménopause »... À savoir que la majorité des mamies a dépassé ce stade et qu'à chaque âge ses plaisirs...

On trouve énormément de citations sur « la fête des grands-mères », un chapitre leur est consacré plus loin, qui, ne l'oublions pas, est au départ une idée pub d'une marque de café. Repéré aussi : beaucoup de « cadeaux pour grands-mères » sur d'autres sites marchands. Des pots au feu, couscous, gratins et confitures en conserve, surgelés, sous vide portent le nom de la dame décidément célèbre sur le net et les rayons d'alimentation.

Merci à toutes ces grands-mères qui ont fait l'effort de nous livrer sur Internet – grâce sans doute au livre indiqué plus haut *Mamie au mulot* (méthode idéale pour apprendre Internet aux sexagénaires) – de précieuses recettes qui font le lien entre autrefois et aujourd'hui.

Pour moi, grâce à elles, j'ai suivi au moins deux conseils et peux vous en donner honnêtement les résultats :

Éviter les odeurs dans le frigo grâce à une pomme de terre crue et pelée ou laver un sol en dalles avec l'eau où ont bouilli des pommes de terre. Vive le tubercule ! Le site des grands-mères précise : « C'est génial, les carreaux sont comme neufs ! » Vu cette affirmation et l'économie que cela représentait, j'ai tenté l'expérience sans vrai succès.

Quant au hoquet, j'attends de le voir venir, je ne dois pas avoir encore l'âge…

Un autre site m'a interpellée : le robot de grand-mère. En sous-titre : les robots aident les grands-mères. Un outil fascinant dit « humanoïde » (?) serait testé dans les nurseries de Tokyo. L'engin aurait un vocabulaire de 650 mots (en japonais…) et reconnaîtrait 10 visages parmi ses proches. Il réagit aux humeurs des personnes, peut danser et devenir un compagnon qui sait jouer avec les enfants… On précise qu'il rappelle s'il va pleuvoir et donne les horaires de cinéma. Il saurait même éviter lumbago et rhumatismes aigus en rabotant, balayant, passant sous les meubles, etc. On nous l'annonce pour bientôt par ici mais, pour remplacer les grands-mères, il faudrait qu'il fasse aussi des câlins et des tartes pas forcément aux sushis…

Un magazine bien connu des seniors conseille certains sites : Mamie Coucou (cadeaux douceurs…), Mamie Nova, bien connue pour ses laitages, et Mamie Do, un régal de poésie fleurie avec musique et papillons bleus à consulter absolument par les nostalgiques romantiques.

Cherchant toujours ce que nos grands-mères avaient laissé en héritage, me sont revenues à l'esprit des citations appropriées aux moments et situations où nos aïeules avaient leur place.

Bonnes à rappeler car depuis le langage trépidant des textos, on a dû les ranger au fond des tiroirs, les mamies ayant moins de succès en rap ou en slam :

- très connu depuis longtemps : « Est-ce que je te demande si ta grand-mère faisait du vélo ? » Phrase peu respectueuse en son temps, mais qui faisait rire, car à l'époque peu de dames d'âge respectables montaient sur cet engin… À y réfléchir, il s'agissait d'un compliment puisqu'on ne pouvait qu'être fier à l'idée d'avoir une grand-mère sportive ;
- j'ai aussi bien aimé : « Faut pas pousser mémé dans les orties » ce à quoi certains rigolos ajoutaient « sous prétexte qu'elle aime la nature », passé de mode aussi ;
- j'ai repéré enfin quelques phrases écrites ou prononcées par des célébrités : *« Une maison a besoin d'une grand-mère »* d'une certaine Louisa May Alcott (?) ; *« Tant que dans le monde on aura des enfants, des mères et des grands-mères, on en gardera la mémoire »* de Charles Perrault qui, pour une fois, oubliait les hommes… ;
- *« Si les grands-parents et les petits-enfants s'entendent si bien c'est parce qu'ils ont un ennemi commun : la mère »*, d'une certaine Claudette Colbert qui je crois était comédienne mais peu optimiste ou enfant battue ; *« Il n'y a rien de tel pour vous donner du génie que d'avoir un oncle cinglé ou une grand-mère sinoque »*, phase de Raymond Queneau à méditer, peut-être autobiographique et… l'une n'empêche pas l'autre ; *« Une maison sans grand-mère, c'est comme un œuf sans sel »*, de Florence King, sans doute grande gastronome… ; *« Les enfants martyrs sont ceux qu'on embrasse trop. Les grands-mères sont particulièrement recherchées pour cette tâche de tortionnaire. »* de Montherlant toujours cynique ; pour sourire, *« Ma grand-mère a commencé à marcher sept kilomètres par jour à 60 ans. Elle en a aujourd'hui quatre-vingt-dix-sept et on ne sait absolument pas où elle est. »* (Ellen Degeneres) ; et ma préférée, *« Les oncles, les tantes et les cousins c'est bien. Les parents c'est à ne pas négliger, mais une grand-mère les vaut tous »*, de Fanny Fern.

Si j'ai trouvé longue, ardue mais instructive, cette quête de grands-mères dans sites, livres et documents, il me semble que les mamies d'aujourd'hui, compte tenu de leur place dans l'histoire, ont encore fort à faire pour être lues et entendues.

Quand on connaît la longévité des femmes et leur bonne santé (en Occident), j'espère qu'elles vont savoir rapidement rattraper le retard en faisant parler d'elles en littérature, sport et chansons.

Et bientôt, nous ou nos petits enfants verront des sexagénaires aux Jeux olympiques, les romans s'intéresseront à la fois à quatre générations d'amoureux et de fringantes dames dites mûres révéleront sur leurs galipettes tout ce que leurs grands-mères ignoraient.

VIII

Ce que ma grand-mère aurait voulu m'apprendre

L'éducation des mamies 2000, nées avant et pendant la guerre (39-45), ne les a pas orientées vers l'originalité mais plutôt à devenir des sosies de leurs grands-mères, à faire partie des générations qui se suivent et se ressemblent. Quelle mouche les a piquées pour qu'elles changent de route ?

Difficile, quand elles étaient enfants, de rire avec la mamie-clown d'une copine ou de partir avec mamie-baroudeuse, sac au dos, au Kenya, paradis des animaux…

Les enfants d'aujourd'hui ont la chance de connaître un univers familial plus varié, entre mamie-musées, mamie-cinéma, mamie-blog et mamie-gourmande qui sait cuisiner mais connaît aussi d'excellentes pâtisseries et les meilleurs Mac Do… (avec jeux et mégafrites).

L'histoire avance, les mœurs aussi, et il est amusant de savoir que les grands-mères des mamies actuelles ont été les dernières :

- à repriser les chaussettes (avec un œuf en bois) ;
- à tricoter des chandails (voire des maillots de bain) que leurs grands enfants mettaient ;
- à faire leur marché avec un « cabas » ;
- à se contenter de la poste et des lettres, sans téléphone jusqu'à l'âge de 40 ans, même sur une ligne fixe ;
- à connaître les premiers et… les derniers films muets ;

- à marcher avec une canne dès 60 ans ;
- à se méfier des voyages en avion ;
- à découvrir les premières automobiles ;
- à se marier toujours vierges… et rarement par amour ;
- à danser le délicieux *Quadrille des lanciers* comme dans *Le Guépard* ;
- à être munie d'un chaperon (sévère accompagnatrice) dans leur jeunesse si elles voulaient sortir seules ;
- à qui le futur fiancé a demandé en gants blancs la main à papa-maman ;
- à porter des bas péniblement attachés à des corsets et au mieux des guêpières, puis à des porte-jarretelles réservés depuis aux vitrines érotiques ;
- le plus souvent à ne pas dépasser la classe de troisième, même dans les milieux dits aisés ou le brevet supérieur était le plus haut diplôme des filles ;
- à ne pas aller en faculté ;
- à ne pas voter ;
- à qui on interdisait certaines lectures, surtout les romans (certains pères allaient jusqu'à coller des pages de Montherlant) ;
- à ne pas parler à table avant leur majorité (21 ans) ;
- à voir officiellement leur fiancé seulement en public (bien que je préfère croire qu'il y avait des amoureuses assez rusées pour se faire câliner dans les bosquets du parc ou derrière l'église) ;
- à aller pour la majorité, à tous les offices, quelle que soit leur religion ;
- à voir des gardes champêtres (ah ! le joli mot), avec tambour et trompette, clamant à chaque carrefour de village les nouvelles du jour ;
- à découvrir la radio dite TSF, de grands postes en bois avec une face en tissu beige et de gros boutons à tourner ;
- à voir leurs fils partir à la guerre… ce que j'espère désormais définitivement révolu ;

- à se retrouver entre femmes dans des salons à papoter enfants et chiffons, tandis que les époux avaient d'autres sujets de discussions, politiques ou moins sages, au fumoir ;
- à porter en mariage une dot et à coudre leur trousseau pendant un temps de fiançailles qui devait durer un an… ;
- à découvrir sur le tard, la télévision noir et blanc, puis en couleur ;
- à avoir peur d'être enceinte trop jeune ou débordée par une ribambelle de marmots. « On prend ceux que Dieu vous donne », disait ma grand-mère…

Ce mode de vie imposé depuis moult générations avait beaucoup de mal à convaincre les jeunes filles des années cinquante, malgré les efforts des grands-mères pour transmettre ces impératifs totalement décalés au temps de Beauvoir, même si les avancées du progrès étaient moins rapides qu'aujourd'hui.

Les anciennes ont bien essayé de persister, de toujours guider et conseiller les plus jeunes, selon les injonctions de leur propre mère, persuadées de la nécessité d'être vierge pour trouver sponsor à vie.

Rien n'y a fait, leurs petites-filles, devenues mamies 2000, sont les premières à avoir osé dire non, officiellement ou pas, poussées, dès l'après-guerre, par un vent de tempête féminine irréversible.

Plus de bal ni de chaperon, plus besoin d'un mari pour survivre, pas encore de « rave » mais des « surprises-parties » portant bien leur nom quand je me rappelle qui on y rencontrait et ce qui s'y passait. J'y découvrais beaucoup de surprises agréables dont mes grands-mères ne m'avaient rien dit…

On y allait seules, on dansait avec qui nous plaisait, il n'y avait pas que de la grenadine et certaines découvraient dès 15 ans les coins sombres et les slows favorisant tendresse et au delà… Bien sûr, les mieux « gardées » voyaient leur père se pointer avant minuit, ou les parents présents quand « la surboum » avait lieu chez eux. Mais il me semble que les parents d'aujourd'hui ont les mêmes inquiétudes et d'aussi pénibles confrontations père-fille à chaque soirée pour négocier l'heure de retour.

Rien à voir avec ce que nos bonnes-mamans disaient de leur « premier bal », certes plus romantique mais manquant d'imprévu. Je me souviens des recommandations de la mienne avant mon départ en « surboum » : « Attention, les garçons vous font boire pour profiter de vous ensuite… » ; « Les jeunes gens épousent les filles sérieuses » ; et plus élégant de la part de certains pères s'adressant à d'autres parents, « Gardez vos poules, je lâche mes coqs ! »

Malgré leurs efforts, les grands-mères d'avant-guerre ont eu du mal à tenir ces petites-filles qui devenues mamies racontent maintenant leurs soirées et rendez-vous clandestins avec des lycéens qui, bien sûr, étaient en première quand elles étaient en troisième. Gréco et de Beauvoir menaient la danse, nous apprenant qu'il y avait d'autres objectifs dans la vie que celui de mère de famille à 20 ans et, bien que certains parents se soient insurgés contre ces lectures révolutionnaires, cette littérature fit, de près ou de loin, son chemin chez les filles qui portèrent longs leurs cheveux noirs et raccourcirent leurs jupes.

Et comme si cette révolution ne suffisait pas… certaines ont remis ça en 68 !

Après ces chambardements, ce que les grands-mères auraient voulu transmettre s'est envolé avec culottes Petit Bateau, Bécassine et sages fiançailles…

IX

Mamies à la carte : à chacun la sienne...

Les petits-enfants d'aujourd'hui ont de drôles des mamies, bien différentes les unes des autres et s'il leur arrive de les évoquer en cours de récré, j'imagine le catalogue.

Mamie-tradi

Toujours en course dans certains milieux, elle a opté pour les valeurs de sa propre grand-mère, ou presque, tout en portant jeans et fréquentant clubs de gym. Ses petits-enfants trouvent chez elle, le mercredi, un joli goûter servi sur napperons, avec chocolat chaud et tartines au miel. Si elle offre des croissants, ils sont faits maison et sa purée a un vrai goût de pommes de terre. Les poissons carrés panés, mamie-tradi n'en a jamais vus, mais elle réussit si bien la brandade que les petits, souvent ennemis des produits de la mer, en oublient la morue. Pas de conserves mais la joie d'écosser en famille les petits pois ou d'équeuter les haricots verts du jardin. Mamie-tradi lit des contes le soir et veille à ce que les bambins se lavent les mains avant les repas, les dents après et dorment de bonne heure. Avec elle, il ne faut jamais oublier de dire « merci », « bonjour madame ou monsieur », « s'il vous plaît » et d'être aimable avec tous, même avec la tante Agathe aux dents jaunes.

Les mamies-tradi ont souvent beaucoup d'enfants qui ont parfois beaucoup d'enfants… qui font une flopée de cousins et ça, pour les vacances, c'est génial !

Cette Mamie est spécialement conseillée aux enfants curieux et studieux, car elle sait faire découvrir les musées et les voyages en leur expliquant les beautés de la vie. Il est recommandé de lui faire de jolis dessins (maisons et famille) et de porter un DVD pas trop bruyant pour changer de Arte…

Mamie-courant d'air

Un peu comme le vent, elle passe en courant ou s'engouffre en famille sans prévenir. Elle arrive quand on ne l'attend pas, téléphone n'importe quand pour proposer une excursion à cheval ou une journée en bateau et trouve toujours de drôles d'idées dans de drôles de magazines pour des jeux nouveaux. Elle a des copines à gogo pour randonner, danser le tango ou jouer au bridge. Même les parents ont du mal à la canaliser et, quand ils veulent partir en « duo-week-end », mamie-sitter est introuvable, toujours sur répondeur…

Appréciée des enfants bien « élevés », cadrés dans des emplois du temps souvent imposés par les urgences et réalités quotidiennes, mamie-courant d'air apporte un « vent d'ailleurs » et de la fantaisie. À utiliser avec humour et distance car, si elle ne souhaite pas être indispensable, elle sait aimer de loin tout en répondant « présente » si problème grave. Il suffit de laisser un texto…

Mamie-hippy

Elle parle d'un temps que les moins de 30 ans ne peuvent pas connaître… et ça amuse les petits de la voir sortir de ses malles de longues jupes gitanes bariolées et des colliers de fleurs. Idéal pour se déguiser… Elle a des CD mais aussi des disques grands et noirs de musiques bizarres que les petits ont du mal à prononcer : « psychédélique ». Elle se déguise et, pieds nus, allume des bougies partout, danse les yeux fermés et ça la met dans de drôles d'états… Elle amène les enfants en camping, avec ses chiens, dans une voiture peinte en rose… et avant de dormir on tape sur des tam-tams.

Chez elle, on peut dormir dans des hamacs, manger avec les doigts et chanter à tue-tête. Elle apprend aux petits :

« Fais comme l'oiseau,
ça vit d'air pur et d'eau fraîche, un oiseau,
d'un peu de chasse et de pêche un oiseau,
mais jamais rien ne l'empêche l'oiseau,
d'aller plus haut… ah… ah… ah… »
et
« C'est la fête
Jeunes et vieux, grands et petits
On est tous amis
C'est la fête ».

Au fond des tiroirs de mamie-hippy, on trouve des photos de barbus, de chèvres et des panneaux en carton où l'on peut déchiffrer *« Peace and Love »* et une vieille affiche rouge et orange sur laquelle on lit *« Flowerpower »*. Attention c'est mamie bizarre… mais les parents veillent au grain.

Appréciée des petites-filles romantiques qui se jettent sur les jupes à volant pour les faire tournoyer et des garçons prêts à défiler sous étendards et banderoles.

Mamie-glue

Dans le catalogue des mamies 2000, mamie-glue n'est pas la plus demandée. Elle s'ennuie sans ses « chers petits », réclame un peu trop leur compagnie, vient souvent sans prévenir et invite beaucoup les enfants qui apprécient… jusqu'à un certain âge. Elles les embrassent partout et très fort, même après leurs 18 ans et ça fait « smash ». Plus tard, les ados la trouvent un peu « relou » même si elle les couvre de cadeaux. Certaines mamies-glue ont la fâcheuse tendance à ne pas voir grandir les chérubins et à offrir des poupées à Samantha qui, à 15 ans, préférerait des anneaux pour les oreilles ou un CD… C'est elle aussi qui se précipite pour avoir des places au cirque pour son petit-fils haut de 1,90 m.

Il faudra la bousculer un peu pour qu'elle fasse la différence entre bébés, enfants et ados, et s'occupe surtout de ses affaires… si elle veut que ses grands petits-enfants la sollicitent au lieu de l'éviter.

Pour les petits qui aiment se blottir et faire plein de câlins, donner la main dans la rue jusqu'à 10 ans d'âge et collectionner les Barbie après 20 ans…

Mamie-chien-chien

Les enfants aiment. Quoi de mieux que de passer ses mercredis avec des animaux de compagnie ? On les caresse, on prend dans les bras les chiots et les chatons et on adore aller voir Mamie et sa ménagerie… Chez mamie-tradi, Médor doit rester dans son couffin, chez mamie-hippy, on peut inviter Woodstock à dormir sur la couette.

On va acheter les meilleures croquettes, on promène Zaza en laisse, on ramasse les crottes… Si tout cela amuse les petits qui sont les premiers debout pour sortir le chien, l'adolescent aura plus de mal à quitter son lit pour le même service.

Certaines mamies-chien-chien mettent un peu « la honte » en faisant des boucles avec les poils de Minine et en l'ornant de petits nœuds et colliers brillants tel un arbre de noël. Dur dur de l'accompagner chez le vétérinaire pour l'entendre raconter les misères et les câlins de son « amour de chien » à d'autres mamies aussi gaga qu'elle…

Celles qui prennent un gros chien pour les défendre n'arrivent pas à tenir le bouledogue qui bouscule tout et surtout les Lego… On a même vu des chiens jaloux finir l'assiette du bambin, et des chats à qui l'ado fait lécher ses restes de poissons. Mais ça, il ne faut pas le dire à maman !

Cette mamie a beaucoup de succès car la majorité des enfants aime les animaux, mais gare à celui qui ira chercher minette sous un meuble (griffes et dents toujours acérés) ou au petit qui voudra l'os que le labrador est en train de ronger… GGGGGGGRRRRRRR

Mamie-surbookée ou mamie-charrette

Elle travaille ou s'occupe de mille associations. Bureau, estrade, stand ou vente de charité, c'est là qu'elle « garde » les petits le mercredi. Si, dans une manifestation humanitaire, elle vend des jouets, des chocolats ou des livres, quel régal ! Moins cotées sont les mamies charcutières ou coiffeuses ; chez elles il faut se tenir tranquille et entendre des confidences, rumeurs et ragots en tous genres. Des dames aux cheveux rouges, à l'odeur âcre, harnachées de gros rouleaux caressent le(s) bambin(s), leur tapent la joue, les embrassent en laissant sur leurs joues des traces brunes gluantes et les petits en ont vite assez… Si les gamines se font coiffer avec plaisir, il est rare que les garçons apprécient de rester sages sur un fauteuil à attendre que Mamie ait « fini » la coupe au rasoir du monsieur ronchon. Avec mamie-surbookée, on « fait les magasins » en courant, alors que les enfants préféreraient le cinéma. Ce qui est chouette avec cette mamie-là, c'est de se mettre devant la télé ou de regarder des vidéos pendant qu'elle fait ses comptes. Mamie-charette a toujours un ordinateur chez elle et, si on est gentil, on peut s'en servir de temps en temps. Pour dîner, c'est le plateau et on se sert comme on veut pendant qu'elle est pendue au téléphone. Mamie surbookée n'ayant pas le temps de faire les courses ni la cuisine, on se régale de frites et de nuggets, et c'est la fête!

Les parents ont du mal avec mamie-charette car parfois elle oublie le rôti au four ou le manteau de Samantha à la crèche. Avec elle, on court beaucoup car elle est toujours pressée et, quand elle s'arrête, c'est qu'elle a trouvé une copine de son association et il faut attendre qu'elle ait fini la parlotte… On aime aussi cette mamie pour… ses sandwichs au poulet et la pizza qu'elle fait venir au dernier moment, au goût de chacun.

Mamie-« la boum »

Elle a trop regardé ce film dont elle propose sans cesse le DVD à ses petits-enfants. Elle s'habille un peu trop rose ou trop pâle, on dirait un bonbon, met un peu trop de fond de teint et sourit toujours à sa glace. Pour maquiller ses yeux elle a de drôles de lunettes dont elle soulève les verres, l'un après l'autre, en faisant des grimaces. Elle bichonne Papy, lui fait les yeux doux et cela agace. Si sa petite-fille a un appel sur son portable, la voilà aux aguets, la coquine… Elle n'ose pas demander mais tourne autour de l'ado et se tortille dans tous les sens pour savoir… Le pire c'est quand elle dit: « Tu sais, moi aussi à ton âge j'avais des amoureux », ça, c'est la honte. Heureusement que Papy est là et bougonne derrière son journal: « Laisse-la tranquille! »

Un conseil: lui demander à chaque visite chez elle de regarder La Boum *jusqu'à ce qu'elle en ait assez ou que Papy saturé se mette en colère… Comme ils ne regarderont pas toujours ce que font les enfants, on peut brancher son iPod en même temps. Si on est, à 15 ans, super-amoureuse mieux vaut fermer son portable quand mamie est là… ou l'écouter dans un coin tranquille.*

Mamie-casse-pieds

Elle dit ce qu'il ne faut pas dire et cela met toujours quelqu'un en colère. C'est la championne des phrases embêtantes qui donnent envie de se cacher derrière un livre ou de se scotcher devant la télé. Cette mamie commence souvent ses phrases par « de mon temps… » ou « autrefois » et là on sait que l'on va s'ennuyer avec une histoire que l'on connaît déjà et que l'on fait semblant d'écouter. De toute façon, elle répète plusieurs fois : « Tu m'écoutes » pour en être sûre et les enfants disent « oui, oui » pour avoir la paix. C'est elle qui demande d'abord : « Comment ça va à l'école ? » Et, bien sûr, on répond toujours : « Bien, Mamie. » D'abord parce que l'on préfère parler de Diam's ou regarder une vidéo, ensuite parce que, si on dit la vérité, on ne va pas s'en sortir sans des : « ton papy était toujours premier » ou « à ton âge, j'étais déjà en seconde ».

Quand ils entendent les grands-parents et tous ceux de leurs copains, les enfants se demandent parfois où étaient les mauvais élèves autrefois…

À savoir pour les enfants : prévoir un livre intéressant quand on va chez elle. Finir ses phrases quand on connaît l'histoire, ça la vexe un peu, mais ça peut l'arrêter… Demander où étaient les cancres « de son temps ».

Mamie-cigale, mamie-fourmi

À la première, on peut tout demander… Chez elle on trouve plein de robes, de chaussures et de disques. Elle achète les derniers appareils et on n'a rien à lui apprendre sur les MP3, la TNT et les écrans plats. Quand on sort dans les magasins, les filles l'adorent : « Cela te fait plaisir, achète, ma petite… ». Elle préfère le grand restaurant, où les enfants s'ennuient, au self où il y a des jeux, mais, si on insiste, elle dévalise le comptoir de ses *big potatoes* et se « shoote » au coca.

Pour Noël c'est « géant ». Pour ne pas ruiner Mamie, les gentils parents font la leçon aux enfants : « Ne rien demander qui soit trop cher ». Les mamies cigales ne sont pas forcément riches mais en tout cas pas radines…

Les parents préfèrent mamie-fourmi qui apprend aux enfants à « faire attention ». Chez certaines, il faut quitter ses chaussures pour ne pas abîmer le parquet et se servir du couteau à beurre en raclant la surface. Mamie-fourmi rallonge les jupes quand on a grandi et recouvre les livres d'un papier brun avec le titre écrit dessus. Il ne faut pas s'asseoir sur les lits mais penser à éteindre la lumière quand on quitte une pièce… Ça, c'est plutôt bien, on l'apprend aussi à l'école. Il arrive que les mamies-fourmis comme les cigales aiment chanter et rire, et ça, c'est gratuit !

On aime bien acheter avec mamie-cigale tous les jeux, les CD et les pâtisseries, mais chez mamie-fourmi on fabrique de drôles de jouets avec des marrons et des allumettes, on apprend à faire des crêpes et même à fabriquer des sirops. Les enfants n'aiment pas forcément dépenser, ils aiment aussi créer. Puisque l'on a deux mamies, l'idéal est d'avoir les deux modèles.

Mamie-régime

Chez mamie-régime tout est « faux » sauf… ses kilos en trop. Dans sa cuisine, on trouve du faux sucre, du faux beurre et même de la fausse viande qu'elle appelle ses « protéines »… Une vraie épicerie à base d'algues (pouah !), de soja, du son d'avoine et autres boîtes mystérieuses aux noms compliqués. Quand les enfants arrivent, elle insiste pour qu'on mange bio et surtout des légumes. Dans la salle de bains, il y a une balance qui parle, et ça les petits aiment bien. Quand mamie-régime se regarde dans la glace, elle fait la grimace et dit : « Je suis moche ». Cela pour qu'on lui réponde « oh ! non

Mamie ». Ou elle demande si elle a minci, mais les petits s'en moquent et beaucoup d'enfants aiment bien une mamie ronde et douce, où l'on ne se cogne pas les joues quand on l'embrasse… Pour jouer, rire et raconter des histoires, qu'importent les kilos, les gamins sont les derniers à les remarquer. Le plus ennuyeux chez cette mamie c'est plutôt de ne point trouver des biscuits, des bonbons ou des chocolats comme chez d'autres grands-mères où l'on mange ce qui est interdit à la maison. Les enfants rient beaucoup entre eux quand ils observent Mamie qui se sert en cachette, croyant qu'on ne la voit pas (mais les enfants voient tout), une portion de fromage (maigre) ou quand, miracle, elle fait une crème au chocolat pour les petits, et se régale en y goûtant plusieurs fois… Une bonne occasion de se précipiter pour « lécher la casserole » en disant haut et fort : « C'est pas bon pour toi, Mamie ! »

Attention, si on va chez cette mamie quand elle a minci, il faut le lui dire. On peut aussi le lui dire de toute façon, elle est si contente qu'elle rit beaucoup et s'achète des tas de robes. Mais gare si on arrive après les fêtes et la pesée ! Là c'est mamie-grognon et il faudra beaucoup l'embrasser et lui dire qu'elle est belle et jeune et qu'on l'aime pour qu'elle retrouve son sourire.

Comme il y a beaucoup de mamies-régimes et aussi des mamans-régimes, les enfants peuvent en parler entre eux à la récré et se donner des recettes de crèmes sans sucre et sans lait, ou de bonbons bio et de beurre… maigre. Quand ils expliqueront tout cela à Mamie, ils n'auront que félicitations et peut-être des biscuits « fine silhouette ».

Faire néanmoins remarquer à sa mamie que quand on est petit et mince, il faut manger pour grandir. On peut même lui promettre de cacher la boîte de chocolats si elle veut bien en donner, pour qu'elle ne soit pas tentée. Elle comprendra sûrement car, lorsqu'elle était petite, on lui disait : « Mange ta soupe si tu veux devenir grande… » Alors…

Mamie-« tornade blanche »

Chez elle tout est propre et rangé, les meubles brillent et l'on voit parfois dans l'entrée des patins en feutre, qu'on met sous les pieds pour ne pas salir. Les patins c'est rigolo quand il y a un grand couloir bien ciré pour faire du roller mais pas longtemps car ça énerve les grands. Avec elle, il faut toujours mettre de l'ordre, ne pas poser son cartable par terre quand on arrive, ramasser les miettes du goûter et bien refermer le tube de dentifrice. Mamie-tornade voit tout, entend tout : la porte qu'on oublie de fermer, les chaussons qu'on n'a pas mis, le lait qu'on laisse sur la table et même le tapis de la chambre qui est de travers… Les zapettes de la télé ont un étui spécial et les serviettes de table leur enveloppe, souvent avec le nom des enfants.

Si on dort chez cette mamie, difficile de faire une grasse matinée. Dès six heures, musique : aspirateur. Chez les « tornades blanches », on se lève tôt même s'il n'y a rien à faire, car Mamie trouve toujours de quoi « gringonner ». Elle a de drôles d'idées, du genre : « Aujourd'hui, les enfants, on va faire l'argenterie » ou « on écosse les haricots ». Si pour elle on dirait que c'est un jeu, ça amuse rarement les enfants, sauf la première fois…

Bien boutonner ses vêtements avant d'y aller et se peigner proprement pour être bien accueilli. Savoir faire son lit. Cela suffira à rendre mamie-tornade souriante et c'est bien l'essentiel…

Mamie-la-honte

Elle est gentille mais a tout faux, surtout devant les copains et les copines d'école. Du genre à appeler l'ado de 17 ans « mon bébé » ou à dire à la petite-fille déjà grandette : « J'ai une bonne crème pour tes boutons. » La honte ! Toute la classe va en parler… Il arrive qu'elle vienne chercher les enfants à l'école avec un grand chapeau de paille ou de cow-boy. Les autres l'appellent « Zorro » : « C'est Zorro qui vient te chercher aujourd'hui ? »

On l'a même vue avec un tee-shirt où est écrit « Je ne suis pas grosse, je suis enceinte »... C'est vrai qu'avec tout ça, mamie-la-honte rit beaucoup avec ses copines mais les enfants font la grimace, surtout en public. Elle s'habille plutôt déguisée (relou), porte des chignons ébouriffés comme on n'en fait plus et des bas de toutes les couleurs car elle n'aime pas les collants. Avec ses amis habillés comme dans les vieux films qu'elle veut absolument montrer aux petits, elle met des disques inconnus des enfants et danse avec Papy en tournant autour de la salle à manger. Pas de Batman ni de Spiderman chez cette mamie-là, pas de BD, mais des romans-photos. Attention ! Si les enfants rient en les lisant, Mamie peut se fâcher. Si on va au cinéma, elle trouve toujours un film en noir et blanc ou mal colorié, avec des musiques ringardes et sans effets spéciaux !

Les petits la trouvent bizarre mais rient avec elle car elle est (presque) toujours de bonne humeur, chantant à tue-tête sur des vidéos de karaoké. S'ils ont du mal à suivre (et réciproquement), il arrive qu'ensuite ils s'habituent à ces drôles de grands-parents, soient moins gênés par leur comportement et en gardent de bons souvenirs.

Pas facile d'expliquer aux copains d'école qu'on rit bien avec elle et que c'est une bonne mamie mais il faut essayer... Essayer aussi d'arriver chez elle déguisé en multicolore, et voir la réaction. La dessiner avec ses drôles de chapeaux, ses robes fluo et ses cheveux rouges, pour qu'elle se rende compte de l'effet.

Mamie-l'artiste

Sa maison est encombrée de palettes et de tubes de peinture, il faut enjamber les toiles entassées et surtout apprécier l'œuvre en cours sur le chevalet... Maman prévient les enfants : « Quand vous arrivez chez Mamie, vous mettez un tablier ou une serviette. » Le plus rigolo, c'est qu'elle garde un coin de table pour le mercredi avec des pinceaux et des couleurs et laisse gribouiller les petits : « Faut développer leur créativité ! » On ne sait pas toujours ce qu'elle veut dire mais on s'amuse… et, si on fait des taches par terre, elle ne se fâche pas. Par contre, il ne faut pas gaspiller le matériel ni se battre à coups de couleurs. Mamie l'artiste peut aimer jouer aux clowns et maquiller les enfants, et ça, c'est drôle.

Si elle est musicienne… aïe ! Elle va tout faire pour que la famille prenne des cours de piano, et les enfants n'aiment pas toujours. Quand elle joue, il faut se taire. Certaines proposent à leurs petits-enfants de donner un concert spécialement pour eux. On s'assied sagement sur le canapé et on écoute mais ce n'est pas forcément un bon cadeau et, souvent, les petits s'endorment.

La meilleure mamie-l'artiste est celle qui fait du théâtre… car elle joue tout le temps avec les petits comme sur scène « en vrai ». On se déguise, on choisit de faire la princesse ou le dragon, on apprend en s'amusant les fables de La Fontaine même si on se dispute pour décider qui joue le corbeau ou le renard… Il arrive même qu'on donne un spectacle surprise pour les parents.

Si on veut passer une bonne journée chez cette mamie, ne pas dire : « C'est nul ce tableau » mais plutôt « J'aime bien les couleurs mais c'est quoi ? »

Avec la musicienne on peut tenter, après avoir apprécié un moment de Chopin au piano, de lui parler de Diam's… Il arrive même qu'elle offre une « batterie électrique » pour Noël, quand elle a compris qu'il fallait commencer par là. Pour la théâtreuse, aucun problème, les enfants l'aiment beaucoup, sauf quand il y a trop de texte à apprendre, mais c'est une bonne façon de découvrir la littérature, plus amusante souvent que ce qu'on fait à l'école.

Mamie-baby-sitter

Toujours prête à venir garder les petits et les grands, elle se précipite à la sortie de l'école, vérifie que l'écharpe est bien mise, s'affole à la moindre égratignure : « Qui t'a fait ça ? » ; et demande toujours si on n'a rien oublié.

Elle propose de dépanner les parents avant qu'ils ne le demandent : « Ne vous inquiétez pas, je suis là, prenez votre temps. » Elle cocoone les bébés, vérifie plusieurs fois la chaleur du biberon, attend plus qu'il ne faut le fameux « rot » indispensable paraît-il (on lui a dit ça dans sa jeunesse).

Avec cette mamie, rien n'est laissé au hasard. Pour éviter les chutes, il y a, sur le palier, une barrière que le bambin devenu ado aura du mal à lui faire enlever. Dans le buffet, des assiettes aux dessins de Bambi et le roi Lion, des verres avec Pokohontas ou Mickey. À 15 ans, le garçon arrivé en seconde ou première trouvera ce couvert tout prêt quand il accordera une partie de son samedi à Mamie. Si on mange peu, on entend : « Tu n'es pas malade ? » ; ou si on se précipite sur le purée-steak haché : « C'est très mauvais de manger trop vite… »

Mamie-BS sait très bien mettre la sauce dans le trou au milieu de la purée… ça amuse les petits, mais pas longtemps. *Idem* pour le coucher et le lever, les heures de sommeil sont comptées : « C'est pour ton bien »…

Penser à porter lampe de poche et livres pour lire sous les draps après l'extinction des feux. Trouver un coin où se blottir sans bruit pour regarder la télé sans être vu après 21 heures Pour éviter la sauce purée après 15 ans : « Non merci Mamie, ça fait grossir ». Et apprécier (de temps en temps) toutes ses attentions qui plus tard, bien plus tard, feront défaut…

Mamie-guinguette ou mamie-goguette

Elle adore danser et participe à des concours où elle invite toute la famille.

Faut la voir avec sa robe verte à volants et plumes, tournoyer dans les bras de son cavalier (pas toujours grand-père... car tous les papys ne sont pas bons danseurs).

Pour convaincre les petits de venir à ses concours, elle dit: « Je viens bien à vos fêtes de fin d'année, regarder vos numéros... »

Dès la naissance des enfants, elle a prévenu: « Bien sûr, je m'en occuperai mais faudra pas compter sur moi le dimanche après midi. »

Jusqu'à 5 ou 6 ans, les bambins sont de la fête avec plaisir, ensuite on renâcle un peu et, vers 13 ans, on a bien d'autres choses à faire, d'autant plus que Mamie commence à traîner la patte et à s'essouffler...

Si les tenues de mamie-guinguette n'ont rien à voir avec celles de mamie-hippy, son armoire regorge de frous-frous, volants, jupes longues et tutus qui font rêver les fillettes. Hélas, défense d'y toucher...

Il arrive que, pour son anniversaire, Mamie offre à sa petite-fille un cadeau surprise: une robe identique à la sienne, rose bonbon, scintillante de perles et de strass et... les chaussures assorties. La gamine est ravie, se voit déjà au bal et fait tournoyer ses volants « comme Mamie » jusqu'au moment ou sa maman découvre la surprise, qui ne lui semble pas si bonne que ça... Cruelle déception, la princesse redevient Cendrillon... et mamie-guinguette ne reçoit pas que des compliments.

Conseil: ne mettre la robe enchantée que chez Mamie, apprendre à rire, à chanter, à danser mais surtout avec les copines et... garder plus tard l'accordéon de Mamie pour le souvenir.

Mamie-blues

Les mamies ne sont pas toujours souriantes et dansantes. Il leur arrive même de pleurer, comme les grands-mères de toutes les époques et de tous les pays. Souvent elles cachent leurs misères, et bien malin qui verra les yeux rouges derrière les lunettes. Quand Mamie est triste, l'arrivée des petits suffit souvent à la consoler.

Attention, il y a aussi des mamies-grise-mine, geignardes et qui se plaignent de tout : la vie est trop chère, le temps trop pluvieux, les enfants ne sont pas aussi sages qu'avant (?), il y a trop de monde au marché, pas assez de monde aux offices, la voisine est bruyante et l'autre ne prend jamais de ses nouvelles…

Certaines perdent tout ce qu'elles touchent, se désespérant pour un rien : « Où sont mes lunettes ? As-tu vu mes clefs ? » ; et, parlant aussi bien d'un gilet que d'une casserole : « Je suis sûre que je l'avais posé là. »

Les petits-enfants sont précieux pour ces mamies car beaucoup d'entre eux sont de vrais « Géo Trouvetout ». Ils voient tout, entendent tout et courent plus vite au premier étage pour repérer ce qu'on cherche. « Mamie j'ai trouvé ! » est un cri de joie voire de triomphe pour les petits. Plus tard c'est moins drôle… l'ado regimbe, et plongé dans sa BD, fait semblant de ne pas entendre. Plus tard, bien plus tard, il arrive même que mamie-blues perde ses neurones… et que personne ne puisse les retrouver.

Parmi les millions de mamies, il y a hélas, une petite quantité de ronchons, de mémères, de plan-plan, de pédagos un peu trop sévères et des agitées en tous genres.

C'est dans *Libé* (3 mars 2006) que j'ai trouvé d'autres cas de figure que je livre en vrac :

- Grand-mère-providence et sa variante « grand-mère-pompier » dont la vie est tout entière dévouée à autrui : « utile mais un tantinet envahissante », « arrive ventre à terre dès qu'il y a problème ; elle repasse, coud, range » un peu trop, quitte à ce que l'on ne retrouve plus rien à sa place.

- La matriarche, forte femme, « espèce pénible et répandue qui sait mieux que tout le monde comment éduquer l'enfant ».
- La grand-mère-icône, « très peu communicante… façon personnage mythique ».
- Et enfin la fameuse grand-mère-indigne : « ras le bol des gosses, elle considère en avoir terminé avec tout ça et veut du temps pour s'occuper de sa personne et de son conjoint ».

Les mamies sont d'abord des femmes, des mamans qui comme les autres ne peuvent pas toujours sourire, rassurer et dire oui à tout. Il faut bien faire avec… mais ce qui est sûr c'est que, quand elles parlent aux copines de leurs petits-enfants, malheur à qui osera mettre en doute leurs qualités.

Et comme disait un enfant que l'on interrogeait sur ses grands-mères : « Ce qu'il y a de bien avec les mamies, c'est qu'on peut les voir seulement quand on en a envie et quand elles sont de bonne humeur… »

X

L'art et la manière

Grands-mères d'avant-guerre et mamies 2000 sont différentes dans leurs comportement et personnalité, mais aussi mode de vie au quotidien, loisirs et vie sociale.

Nos aïeules suivaient les règles de convenances, avaient toutes le même livre de recettes (je me souviens d'une certaine Madame Robinet dont s'inspiraient ma propre mère et sa génération) et accompagnaient sagement leur mari là où il voulait bien aller, restant au foyer s'il sortait « à son club » ou faire sa partie de cartes. Les nouvelles mamies choisissent de faire plutôt ce qu'elles aiment.

Les enfants ayant deux grands-mères (ou plus, si famille recomposée plusieurs fois…) ont maintenant la chance de trouver chez chacune d'elles des cadres de vie, des plats gourmands et des comportements diversifiés, ce qui ne peut que les ouvrir au monde et à la tolérance.

Côté cuisine : surgelé, bio ou bœuf mironton ?

Ma bonne-maman passait beaucoup de temps dans une vraie cuisine d'autrefois avec d'énormes marmites et casseroles rouges en cuivre pendues au mur, une cuisinière à bois (pendant la guerre) et une grande table où éplucher les légumes.

Quand je rentrais de l'école, je pouvais bien avant d'arriver savoir ce qu'il y avait pour déjeuner et je montais l'escalier en salivant déjà.

C'était la championne du mijotage, son plat de référence était le macaroni au fromage : j'avais droit à « la croûte » et de « gratter le plat ». Je me souviens aussi de ses tomates farcies, brillantes dans un jus doré plein de petits yeux frémissants dont je dégustais surtout la viande brune débordant du légume rougeoyant à qui, comme beaucoup d'enfants, je faisais moins la fête.

Et, même si je renâclais devant les carottes, celles qui frétillaient parmi herbes de toutes sortes au fond de la poêle en prenant une couleur bien grillée avaient un goût et une consistance que je n'ai jamais oubliés ni retrouvés. Grâce à elle, j'ai enrichi mon vocabulaire avec des « faire revenir les petits oignons », « allonger la sauce » et « bœuf braisé », dont j'ignore encore la signification même si ces mots chantent toujours dans mes souvenirs.

Mon père, dont je tiens la gourmandise, demandait toujours, quand il arrivait chez elle en vacances « le macaroni Bonne-Maman », et ce terme est resté dans la famille. Hélas la bonne dame ronde et souriante n'a pas laissé la recette et les pâtes de ma mère eurent bien du mal à s'en approcher. C'est à ma bonne-maman dodue toujours à ses fourneaux que je dois une grande partie de mon épicurisme.

Côté Grand-Mère, même cuisine ancienne mais à la campagne, avec évier en pierre et assiettes de toutes les couleurs sur le mur entourant une image pieuse.

Moins de gâteries mais deux traditions immuables : le poulet à la broche dans la cheminée le dimanche, et le cassoulet pour le 15 août, fête du village. Des années après sa mort, mon père disait n'avoir jamais retrouvé depuis le goût de ce « vrai poulet » et, quant au cassoulet, impossible d'acquérir ailleurs, disait-il, d'aussi bonnes « couennes » ou « saucisses de Toulouse »…

Instruite par cet héritage, quand j'ai rencontré « mon prince charmant », et qu'il fut question de mariage, j'ai tenté de me mettre aussi « en cuisine » mais sans succès… si ce n'est pour les « gnocchis » dont j'avais repéré la recette dans un magazine pour « jeunes filles sages ». Amoureuse et très fière de moi, j'amenais le plat sur la table, y ajoutais du parmesan, mais, avec moi, les petites boules de pâte s'affalaient souvent au fond de la sauce ou surnageaient parmi un liquide beige peu appétissant. Voulant faire des efforts, j'ai servi à mon mari du céleri dont j'avais cuisiné le mauvais côté et des langoustines… crues.

C'est alors que ce grand gourmet se mit à prendre les « choses » en mains, devenant, il est vrai, un sacré bon cuistot.

Quelle chance pour moi d'avoir des petits-enfants fanatiques de pizzas en tous genres et de… steaks hachés que je réussis plutôt bien.

Je connais des mamies adeptes incontournables des marchés biologiques qui tentent de convaincre la petite famille avec farines d'épeautre, céréales et soja, algues et pain tellement complet qu'une seule bouchée suffit à n'avoir plus faim pour la suite… Dur dur pour des petits-enfants appréciant le « big-burger » et les nuggets, même si tout, et même l'école, nous apprend à « bien manger » ce qui n'est pas forcément « bon manger »… Heureuses celles qui arrivent à réunir les deux, seule façon de réconcilier les petits gourmands avec leur santé et leur silhouette futures.

Les surgelés permettent de tricher. Quand je prépare une « brandade » ou un « parmentier », je me contente de verser la préparation dans un joli plat en terre, de la décorer avec verdures en tous genres et hop ! au four… Une fois gratiné, c'est (presque) aussi bon que la cuisine d'antan et le temps gagné permet de terminer tranquillement la partie de dames ou de Nintendo…

Qu'importe la formule si les enfants apprécient et quelle joie de les entendre demander : « Tu nous feras encore ta crème au chocolat ? »… quand on sait qu'on a sorti la gâterie de petits pots pour la servir dans de jolies coupelles.

Les copains de Mamie

Il y a des mamies avec des papys mais il y a aussi de plus en plus de mamies-solo.

D'abord parce que les dames vivent sept ans de plus que les messieurs… et que Papy disparaît avant Mamie, mais aussi depuis la loi sur le divorce qui permet à ceux et celles malheureux à deux de se diriger vers le célibat, sans pour autant dénigrer celui qui les a rendues heureuses… un temps.

Il est très important de raconter aux petits qu'on a été amoureuse de leur grand-père, et de savoir expliquer calmement, sans haine et sans larmes que chacun de son côté, c'est mieux… pour tout le monde. Il serait dommage de rayer de sa vie la partie couple et de ne point raconter aux petits l'enfance de leur père ou mère à cause d'un divorce. On peut même sortir les photos de leur papa avec son papa.

Une séparation ne devrait pas empêcher de parler de Papy ou de Mamie qui vit ailleurs et autrement. Les écoliers ont autour d'eux de plus en plus de copains-copines vivant tantôt chez l'un tantôt chez l'autre de leurs parents, et les divorces se font de plus en plus souvent sans trop de casse.

Depuis une vingtaine d'années, il devient de plus en plus courant d'entendre en cour de récré : « Moi j'ai deux maisons… » ou « À Noël, j'ai deux fois des cadeaux… » et encore « Pour les vacances, je vais chez papa aux Antilles et ensuite avec maman à la montagne ».

Aux mamies de savoir dédramatiser ces situations inévitables et aussi de parler d'amour à leurs petits-enfants ; comment le trouver, comment le garder précieusement et aussi des fâcheries possibles dans la vie comme à l'école.

Les mamies-solo, plus seules et plus libres, vivent autrement que les mamies-duo… On en voit de plus en plus, entourées d'ami(e)s, créant, grâce à beaucoup d'activités extérieures, un réseau convivial de copains-copines comme à 15 ans. Celles qui se sont mariées jeunes explorent ainsi sur le tard les joies du célibat et, quand les petits sont là, le téléphone sonne souvent : « Allô Geneviève ? Que deviens-tu ? Tu viens mardi au cours de tango ? » et « C'est Pierre ? Quelle bonne soirée avant-hier... On remet ça ? »

Quand on accompagne Samantha à l'école et que l'on croise Gérard, on papote et la petite-fille demande : « C'est ton prince charmant ? »

Mais si les bambins aiment bien voir Mamie préparer le pique-nique ou le barbecue dans le jardin avec des tas de papys qui leur racontent des histoires, les ados sont perplexes devant tous ces « vieux qui s'amusent »... comme s'ils préféraient les voir gâteux en fauteuil roulant...

On ne saura jamais ce qui se passe exactement dans la tête des « sixteens » quand ils regardent, d'un air absent et le regard morne, les seniors rire et danser ?

Il faudra bien qu'ils s'y fassent car, vu l'évolution, ils feront eux-mêmes la fête à la fin de ce siècle, avec beaucoup d'amis dont une flopée de centenaires frétillants !

Quand Papy-Mamie s'installent à l'autre bout du monde...

Les enfants grandissent, s'éloignent des parents pour faire leurs études, la maison se vide, ils trouvent partenaire, vivent ensemble ou pas, et un jour annoncent leur départ pour raisons professionnelles ou par simple curiosité vers un lointain pays. Papa-maman s'inquiètent puis accusent le coup, persuadés que peu importe la route pourvu que chacun réalise ses souhaits et que l'affection perdure même à distance. C'est dans la norme, *« on élève les enfants pour qu'ils partent »* (Khalil Gibran)... dans le meilleur état possible.

Mais, chose encore nouvelle : l'exode des mamy-boomers. Les parents, devenus seniors en excellent état de santé, ont plus que jamais des projets. Et quand on les croit tranquilles, dans leur maison de campagne où l'on peut leur confier les petits pour partir aux Seychelles ou retrouver lune de miel à Venise, quand on s'habitue à la routine (Mamie et son cours de poterie, Papy et ses rosiers), quelle surprise d'entendre Papy s'exclamer : « Les enfants, on est décidés, on part s'installer en Guyane. » Les parents : « Ah ! » Les petits-enfants : « Chouette, on ira vous voir ! »

D'un coup, les quadragénaires voient s'évanouir leurs trois semaines en trekking avec l'infernale problématique de devoir trouver de fiables anges gardiens pour les petits. « Vous n'allez pas nous faire ça ? » Mais si, ils vont le faire, d'ailleurs ils ont compulsé Internet, trouvé des correspondants là-bas et mis en vente la maison (aïe !). S'ils veulent, les petits peuvent prendre le chien, ils seront contents.

Pour essayer de dissuader leurs parents, les quadragénaires vont utiliser maintes stratégies, peut-être avoir recours à l'inconscience supposée ou à la santé fragile (?) des anciens… avec des : « C'est une blague, vous êtes sûrs que vous avez réfléchi ? » ou « À votre âge ? » et même un petit coup de racisme (pardon docteur…) « Les médecins là-bas… hum… faudra revenir vous faire soigner en France. Vous y avez pensé ? » Et ben non, ils n'y ont pas pensé… ils se sentent en pleine forme, Papy joue au tennis, Mamie bat ses copines au jogging et les projets font de meilleurs vieux que les regrets.

Heureusement que le couple de seniors est solide et solidaire, car il en faut peu, aux yeux de leurs enfants, pour passer du côté des séniles.

À se demander si l'on n'a pas déjà entamé des démarches pour « mise sous tutelle » ou achat du fauteuil roulant.

Quand les enfants sont petits, on s'inquiète pour eux, quand ils sont grands, les voilà qui s'inquiètent pour nous comme si nous avions 8 ans. Un peu prématuré semble-t-il. Ce n'est pas parce qu'on a la carte senior que l'on va se traîner en déambulatoire ou s'évanouir pour un décalage horaire.

« Il y aura la mer, le Carnaval et même un aéroport pour que les enfants viennent en vacances… » Là c'est gagné avec les petits ; ils veulent voir les photos sur Internet, là où Papy-Mamie vont habiter, comment sont les gens et où l'on va ramasser de l'or…

Quand Mamie passe son bac ou va à la fac

Et oui… il y en a. Au point que l'on a dû créer une « Université du troisième âge », une « Université du temps libre » et que l'on trouve des « séniorettes » aux cours du Louvre et en Sorbonne.

On peut les y voir, cartable en bandoulière, sortir stylos et cahiers et remplir des pages de notes. Peu de plumiers en bois avec sur le couvercle, calligraphié en sombre et italique « Plumier », qui sont au grenier, mais des trousses Barbie ou Marsupilami. Confortablement installées avec matériel d'enregistrement des cours, y compris ordinateur portable, elles papotent à la récré entre elles et sont accueillies par des « djeuns » intrigués par leur présence.

J'en connais d'autres qui, peu ferventes au lycée à 16 ans, s'intéressent sur le tard aux livres d'école de leurs petits-enfants, décidant de rattraper le temps perdu. Et les voilà qui reprennent Zola et Chateaubriand, avec bien sûr Sartre, Foucault (pas Jean-Pierre mais l'autre) et quelques contemporains pour échanger de plain-pied avec les générations suivantes.

Certaines vont chercher sur Internet des sites concernant l'année du bac et les examens pour pouvoir échanger un minimum avec les bacheliers et rendre peut-être amusants ou attrayants des cours et des professeurs un peu rebutants.

Certaines mamies donnent des cours du soir, prenant chez elles des enfants en difficulté, pour les accompagner dans leurs études ou en alphabétisation dans des quartiers oubliés.

Tout est permis aux seniors qui souhaitent échanger le plus longtemps possible, en tenant compte de leur âge et de leur passé, avec d'autres générations, sur les thèmes actuels…

La vie va très vite, le soi-disant progrès aussi, perdre pied serait en mettre déjà un dans la tombe. On peut lire Molière façon slam et aussi prendre le temps de lire Corneille et les autres avec l'intonation, jouer des rôles en famille ou pourquoi pas faire une comédie musicale sur des textes de la Fontaine ?

Mamie championne de tango !

C'est sûr, Mamie va gagner… et la famille est invitée au concours.

La petite, 5 ans, se réjouit en admirant la robe longue et les chaussures « salomé » de la danseuse. L'ado renâcle et signale qu'il a un entraînement de foot ; les parents, entraînés à ce genre de distractions, voudraient bien trouver une excuse car ils ont déjà assisté à cinq concours de ce genre, et on se lasse de tout, même du tango.

Mamie très excitée téléphone tous les jours pour annoncer la liste des participants et décrire les tenues des copines : Jean est juste remis de sa prostate, Élisabeth vomit de peur depuis trois jours et tous espèrent qu'Hélène, déjà trois fois championne, aura ce jour-là une bonne crise d'arthrose. Quant à Papy, exclu depuis longtemps de cette effervescence, il se contente de ruminer derrière son journal tandis que sa compagne tente ses « espagnolades », comme il dit, autour de la table. On l'a même vu se fâcher tout rouge le soir ou elle s'est mise à valser devant la télé, pendant un match de foot…

Elle parle de son partenaire-cavalier comme d'un amoureux et de lui on sait tout. Il vient d'acheter des chaussures vernies, histoire d'avoir des ampoules le jour J.

Mamie le gronde et surveille de près son alimentation, la souplesse demandée pour les figures argentines faisant mauvais ménage avec un petit bedon !

Le dimanche prévu, Papy fait le chauffeur, et l'on passe chercher Yves qui a du mal à fermer son gilet. Mamie lui dit : « Je te l'avais dit, ce n'est pas au dernier moment qu'il faut supprimer les frites. »

Elle a tout prévu : sa trousse de maquillage, les talons qu'elle mettra au dernier moment, la robe longue noire aux manches jaunes bouffantes qu'elle porte à bout de bras avec autant de soins qu'une céramique du Louvre…

Seule la petite Anne-Laure, 7 ans, a le droit d'entrer dans les coulisses et admire en silence Mamie et le fastueux chignon bardé de peignes andalous qu'on lui pique sur le crâne. Tout le monde s'excite, on court partout, les dames piaillent, les messieurs cherchent leur partenaire pour répéter une ultime fois, et la fillette joue tranquillement avec les rimmels et les blush de la maquilleuse qui s'est échappée en pleurs… devant tant d'exigences !

– Mamie : « T'as vu tes parents ? »

– Anne-Laure : « Où ça ? »

– Mamie : « Dans la salle. Tiens, regarde derrière le rideau. »

La fillette ouvre le rideau rouge.

– Non, ne l'ouvre pas…

– L'organisateur furieux : « Qu'est ce qu'elle f… là cette gamine ? »

– Mamie : « Alors, ils sont là ? Je leur ai donné des places au premier rang. »

– Anne laure : « Je ne les vois pas… »

– Mamie : « Bien sûr ils vont arriver en retard comme toujours. Mais à quoi ils pensent ? Ils croient que je m'amuse ? C'est un peu pour vous que je me mets en quatre… »

Anne-Laure est petite mais pas idiote ; son regard en dit long sur ce qu'elle pense tout bas mais elle est bien trop gentille pour donner à la danseuse des nouvelles de la soirée d'hier ou papa et maman ont parlé de « cette sacrée mascarade ». Les parents se sont même un peu disputés : « Elle n'en a pas marre ta mère de se tortiller comme ça ? » et « Tu vas voir qu'elle va nous faire un infarctus sur la piste. »

Mais voilà le jury qui s'avance. Il y a des messieurs encore plus vieux que les danseurs et une dame aidée d'une canne pour marcher, dont Mamie dit que « c'est une étoile de l'opéra ». Anne-Laure a bien du mal à l'imaginer en tutu mais ce n'est pas le moment de commenter et peut-être qu'à l'opéra il y a une équipe « seniors »…

On se demande pourquoi Papy s'est éclipsé, sinon que, l'année dernière, il avait oublié le châle bariolé indispensable aux figures savantes et on avait entendu Mamie se fâcher jusqu'au fond de la salle. Alors aujourd'hui, Papy s'est mis d'office discrètement au dernier rang… ou Anne-Laure le rejoint car elle a très peur pour Mamie. On raconte qu'un jour une danseuse s'est écroulée, une autre participante lui ayant donné un bon coup de talon dans les jambes…

Le soir, on rentre tous ensemble, Mamie pleurniche un peu, déclare comme toujours que le jury était nul et papa amène la famille dans une pizzeria pour récompenser tout le monde. Et la pizzeria, Anne-Laure, elle aime bien…

Mamie et Internet

Fallait bien s'y mettre un jour… D'autres ont la chance d'avoir appris l'informatique à leur travail mais il y a encore des mamies réfractaires et d'autres plus vaillantes ou même héroïques… car il faut de l'énergie pour, dans l'ordre :

1 • Résister ou réagir aux instances extérieures

– Les copains : « T'as pas Internet ? » ou « Tu me donnes ton adresse e-mail ? »

– et les petits-enfants : « Chez la mamie de Juliette il y a deux ordinateurs. »

E-mails, courriels et pire encore : PC, logiciel, web, arobase ou at, un vocabulaire est né, pouvant laisser croire à certains, vieux ou pas, qu'ils sont devenus analphabètes. Mais quand on voit ses petits-enfants manier avec dextérité l'engin siégeant en bonne place dans leur chambre, on finit par se poser des questions. On a déjà du mal avec le rap, le slam, le hip-hop, etc. Va-t-on bientôt parler une autre langue que les petits ?

Et quand elles apprennent qu'à la maternelle il y a une classe avec des ordinateurs, les mamies se décident… Et alors commence le long chemin vers une nouvelle ère.

2 • Choisir le bon outil

– Les amis : « Il te faut un Mac… Tout est dans le bon logiciel… Prends plutôt un Apple. »

– Les enfants : « Qu'est-ce que tu vas bien en faire ? », « Oui, je viendrai t'aider » (futur souvent improbable).

– Les petits-enfants : « Chic, Mamie va acheter un ordi ! », façon de dire qu'ils vont venir plus souvent, mais pour se planter indéfiniment devant l'écran, dont l'horaire est minuté chez les parents.

Reste à trouver l'engin. Acheter un ordinateur pour une novice est une démarche encore plus hasardeuse et éprouvante que trouver la bonne tenue pour le mariage d'une nièce avec un fils de ministre ou de rabbin.

Fera-t-on le tour des magasins spécialisés débordant de rayons surchargés d'écrans et « d'unités centrales », autres mots barbares auxquels il va falloir s'accoutumer ? Sans compter plusieurs modèles d'écrans, plats ou pas, et les ordinateurs portables. Cherchera-t-on sur les magazines, les publicités qui encombrent les boîtes aux lettres ? Écoutera-t-on les multiples conseils de l'entourage ?

– Les amis : « Prends un portable, c'est mieux. »

– La mamie : « Un portable ça se porte… où veux-tu que j'aille avec un ordinateur ? »

– Le fils : « Il te faut surtout un modèle robuste, surtout pas telle marque » et « Pas besoin de beaucoup de Mo ou Go (?) t'auras pas tellement de messages ».

Voilà qui est rassurant : robuste pour s'en servir longtemps... façon de souhaiter longévité à l'aïeule, mais « pas beaucoup de courrier » ? Qu'est ce qu'il croit le gamin de 50 ans ?

Ce que mamie-solo ne dit pas, c'est qu'elle a entendu parler des sites de rencontres... Alors les messages, avec les copains du tango et de rando qui lui demandent son e-mail et les futurs prétendants, elle n'est pas prête d'en manquer...

3 • En faire bon usage

Un ordinateur n'est pas un aspirateur et si, pour le ménage, il suffit d'avoir vu faire sa maman ou les « employés de surface », surfer sur l'écran demande beaucoup d'heures d'apprentissage. À savoir que les caisses de retraite en donnent presque gratuitement et que certains outillages sont livrés avec cinq heures de technicien pour les installer et donner les premiers éléments. Pour la mamie qui n'a eu aucune information préalable, le jeune homme, souvent charmant, ce qui n'est pas négligeable, semble parler chinois.

Sur l'écran ouvert : « Madame, il suffit d'appuyer là, de cliquer ici et d'amener la souris plus haut. »

Le temps de faire la différence entre l'arobase, la souris, l'ADSL et la Livebox et voilà déjà une heure que le jouvenceau se démène aux côtés de la « séniorette ». Puis surgissent une tonne d'informations de toutes les couleurs, des images (des icônes, Madame) et du fluo qui frétille, le tout pouvant disparaître d'un seul geste sur une touche (un clic).

On croit que tout est en panne... que nenni, l'homme est habile et demande : « Madame, votre code confidentiel ? »

S'il est confidentiel, pourquoi le donnerait-on au premier venu qui bidouille habilement un ordinateur ayant largement grevé le budget ?

Mamie-débutante est superméfiante depuis que ses amis ont pris soin de lui signaler des pirates qui circulent partout en informatique, sans parler des virus et des bugs...

Justement le jeune homme en parle : « Vous avez l'antivirus intégré. » Bonne nouvelle mais, vu la masse d'informations qui déboule de la bouche du technicien, on n'ose pas demander des précisions. Il est patient mais faut pas exagérer non plus et quand, paniquée devant l'écran soudain désert, on lui demande plusieurs fois « Je fais quoi là ? », le jeune homme soupire « Vous verrez, vous vous y habituerez… » et laisse la dame en plan avec plusieurs documents, livrets aux titres alléchants et quelques CD dont elle ignore totalement ce qu'ils contiennent et où les placer.

Reste à « ramer » plusieurs mois avant d'envoyer son premier mail ou à se décourager, laissant les petits-enfants se régaler devant l'écran le mercredi après, bien sûr, verrouillage du contrôle parental que le fiston a installé en se félicitant : « Bravo, ça rend bien service, hein ? »

Mamie et les manifs !

Certaines les regardent, consternées, à la télévision, tandis que d'autres mamies agitent des banderoles en tête de cortèges sur des thèmes divers, surtout pour les retraites, précisant si elles sont repérées : « Mais, les petits, c'est pour vous que je fais tout ça… »

J'en connais qui, en fin de carrière, gardent des contacts avec syndicats ou mouvements militants professionnels, ravies de se retrouver en goguette sous drapeaux et slogans à Strasbourg, Paris ou Marseille, à chaque revendication.

Pour ma part, si j'ai vu défiler ma propre grand-mère ce n'était que dans les processions, derrière un curé de campagne où les bannières brodées d'or étaient plus soft dans leur libellé…

Quand les petits découvrent l'animation du salon de Mamie, les affiches éparses sur le sol, les panneaux dans le couloir et autour de la table quelques enragés cherchant des slogans… c'est la fête. Et les voilà rentrant à la maison en chantant des refrains aux leitmotive pour le moins assourdissants : « Sans les vieux pas d'a-ve-nir ! », « Les jeunes avec nous-nous-nous ! », « Étudiants-seniors même combat ! » en tournant autour de la table avec la banderole que Papy a confectionnée exprès pour eux…

À moins que, se faisant discrète, mamie-banderole déclare partir en thalassothérapie et qu'au JT toute la famille la découvre, plein écran, aux prises avec un journaliste.

Aïe le retour… Tous les enfants ne suivent pas les traces du Front Populaire. « C'est ça l'exemple que tu souhaites donner aux petits ? », « La prochaine fois préviens-nous, on ira t'attendre à la gare avec le comité d'accueil ! »

Mais il arrive aussi que toute la famille, ou presque (seul l'oncle Jean résiste, prétendant en bougonnant que c'est du carnaval…), défile ensemble, les petits sur le dos de leur père ou en poussette avec maman.

Mamie est amoureuse…

Chut ! faut pas le dire, mais les enfants étaient là quand le fleuriste a porté un énorme bouquet de roses.

– « C'est qui, c'est qui ? »

– « Ca ne te regarde pas ! »

Donc c'est bien vrai, Mamie a un amoureux… D'ailleurs ce n'est pas leur papa qui aurait envoyé des fleurs pour la Saint-Valentin avec un gros cœur-ballon au milieu.

Plus petite, Vanessa avait demandé : « C'est quand que tu trouveras ton prince charmant ? » Ce à quoi Mamie avait expliqué qu'elle en avait trouvé un, le grand-père devenu ex, et qu'à présent on avait droit à plusieurs, successivement. L'enfant restée perplexe avait dû réviser ses contes.

Le soir, elle en avait parlé, en chuchotant, à son frère (8 ans) mais ils n'avaient rien dit même si, le dimanche suivant, Mamie avait « prétexté » une migraine pour éviter le repas dominical en famille…

Quand papa a dit « C'est drôle, ta mère elle n'est pas sujette aux migraines… », les enfants se sont mis à sourire en connivence.

D'ailleurs elle a changé Mamie. Ses cheveux sont plus dorés et elle maquille ses yeux avec du vert… Le soir, quand on lui téléphone, elle n'est pas chez elle ou semble pressée d'en finir. Ils sont vraiment bouchés les parents qui s'inquiètent, croyant qu'elle a besoin de sommeil, et papa dit à maman : « Enfin, ta mère a compris qu'à son âge il fallait se coucher tôt, c'est normal. »

Le lendemain, Mamie a une autre excuse : « J'étais au fond du jardin » (À neuf heures du soir ?) ou « Vous savez bien que quand je regarde mon feuilleton faut pas me déranger… »

Ça faisait bien rire les enfants, pressés de voir la tête du « feuilleton » jusqu'au jour où Mamie avoua tout. Elle avait porté un superbe dessert que tout le monde aimait, et on aurait dit qu'elle avait maigri, ce qui était normal puisqu'elle rentrait de thalasso.

Papa : « Tu es sûre que ça ne te fatigue pas toutes ces cures ? Il faudrait demander à ton médecin… »

Et là, Mamie a éclaté de rire et les enfants se sont regardés, complices : « Je n'étais pas en thalasso, je reviens des Antilles, ou plutôt NOUS revenons des Antilles. »

Silence, et maman a surgi de la cuisine où elle préparait la salade.

« Qui VOUS ? T'es partie avec Hélène ? Fallait nous le dire, on se serait moins inquiétés. Et pourquoi aux Antilles ? »

C'est alors que Mamie sortit un DVD de son sac et le plaça dans l'ordinateur… D'abord l'aéroport de Fort de France, les splendides bougainvilliers, un coucher de soleil sur la mer et hop ! un monsieur qu'on avait jamais vu et qui riait aux éclats dans une chemise à fleurs…

On aurait dit Antoine, que les enfants avaient vu dans la pub pour les lunettes.

Encore deux ou trois photos de forêt vierge, quelques cascades et voilà Mamie en train de danser avec le monsieur… et même plus, car Vanessa a bien vu que le sosie d'Antoine tenait Mamie bien serrée et qu'elle avait les bras autour de son cou avec beaucoup d'étoiles dans les yeux.

Mamie eut un sourire coquin : « Il s'appelle Gérard. » Et elle rempocha le DVD.

Les enfants : « Nous, on le sait depuis longtemps… »

« Tu fais tes confidences amoureuses aux enfants maintenant ? Et c'est qui ce monsieur ? Il fait quoi dans la vie ? »

Le monde renversé ! Cette question, mes parents me l'avaient sans doute posée mais je n'eus (hélas) jamais l'occasion de la poser à ma grand-mère…

Alors Mamie raconta tout, les enfants écoutaient ravis car Gérard avait beaucoup de petits-enfants qui habitaient la campagne avec plein de chiens, de chats et même des chèvres… Il savait construire des cabanes et pêcher la truite.

Question subsidiaire et inattendue de la part du fils :

– « Tu as pensé à Papy ? »

– « Bien sûr que j'y pense, c'est un bon papy, n'est-ce pas les enfants ? Mais mon amoureux c'est Gérard. D'ailleurs Papy, il ne me demande pas l'autorisation pour lutiner sa Georgette. »

Papa toussa, maman leva les yeux au ciel et les enfants, ne sachant pas ce que voulait dire « lutiner », montèrent dans leur chambre sans demander leur reste. Ça suffisait pour aujourd'hui, on en resta là.

Georgette, les gamins ne l'avaient jamais vue, tandis que Gérard, Mamie voulait absolument le leur présenter. C'était plus drôle, surtout s'il mettait sa chemise fleurie et riait comme sur les photos…

Mamie fait du naturisme

J'avais 15 ans et, près de la maison « de famille » bien isolée à la campagne, il y avait un champ ensoleillé. C'était les vacances et l'âge où je commençais à aller en « surprise-partie ». Mes copains-copines et sans doute un flirt débutant au lycée étaient loin et la perspective nature-cueillette aux champignons ne m'emballait pas.

Ni télé, ni MP3, ni ordinateur pour éviter les leçons de morale de grand-mère et les papotages-tricotages de mes tantes à l'heure du thé, sans compter l'épluchage pour la soupe du soir que j'essayais tous les jours d'éviter.

Brigitte Bardot et quelques autres avaient lancé le « bikini » et le string existait déjà sous un autre nom, mais ni l'un ni l'autre n'avaient l'approbation de ma « sainte » famille.

Pour faire bronzette en cachette, il me fallait partir vers la prairie, « en catimini », une couverture et plusieurs livres bien visibles sur les bras, histoire de « réviser mes cours ».

Arrivée là, je retrouvais le coin repéré dès le début des vacances où n'être pas vue (surtout de mon père) et plein soleil. Je retirais ma robe sage et m'exposais pile-face de façon à laisser le moins de traces possibles de vêtement sur un bronzage impeccable. À la rentrée, j'avais bien l'intention de prouver aux copines qui, veinardes, partaient en bord de mer ou en bateau, que ma peau était aussi dorée que la leur, pour aborder une nouvelle classe et de nouveaux élèves (vivant à l'étranger, j'avais la chance d'être dans un lycée mixte).

Personne ne m'a découverte, ce qui n'a pas été le cas de mes cousines dont l'exhibition a fait le drame familial de tout un été!

Avec mes enfants petits, progrès (?) des années soixante, nous partions dans les dunes sauvages au bord de l'Atlantique, sur des côtes désertes et... je gardais mon slip bien retourné-plié pour cacher le minimum indispensable aux bonnes mœurs.

Mes grands-parents n'en savaient rien, heureusement pour eux, et, quant à nos propres parents, ils n'étaient pas assez courageux pour traverser les dunes et, s'ils étaient présents, nous gardions nos « maillots ».

Les camps de naturisme se déployaient mais je ne voyais pas l'utilité de nous regrouper en espace fermé alors que, de Royan jusqu'à l'Espagne, les coins désertés par les obsédés de bonnes mœurs ne manquaient pas. J'avais 30 à 40 ans.

Les « camps » de naturistes se sont ensuite déployés et l'on voit des mamies et des papys d'aujourd'hui camper dans des endroits réservés aux nudistes (dits non-textiles), faire leur marché bijoux à l'air et même du vélo, ce qui me semble pour le moins périlleux. Dans la plupart de ces lieux de vacances, tout vêtement est interdit au visiteur sous peine de passer pour un voyeur libidineux.

Et ce sont leurs enfants, largement adultes, qui s'indignent du fait que ces grands-parents-là proposent d'amener les enfants à Montalivet ou au Cap d'Agde. Pas grave, ne nous fâchons pas, on les amènera aux sports d'hiver !

Est-ce beau à voir ? L'esthétique y gagne-t-il ? Est-ce tellement inconfortable de garder un léger slip et confortable de faire du vélo déculotté ?

Profitons de ces échanges pour évoquer ces sujets peu habituels avec les enfants curieux et laissons vivre les naturistes, puisque même à un âge avancé il s'agit de leur plaisir.

Quand je me promène, les soirs d'été, près des cimetières de bord de mer, il me semble entendre un sacré remue-ménage… Ce sont toutes les mémés des siècles passés qui ne cessent de se retourner dans leurs tombes !

À chacun ses plaisirs

À chacune son feuilleton ou émission préférée. Les anciennes appréciaient Tino Rossi (« Kicéça » ?), mamie d'aujourd'hui peut aimer autant Aznavour que Bénabar.

Et papy Salvador tient depuis longtemps le micro alors que certains rappeurs ne font qu'un tour radio-télé-CD et disparaissent après avoir cru à la gloire au point que je ne cite pas les chanteurs célèbres depuis peu, car ils pourraient bien être revenus à l'anonymat lors de la parution de ce livre.

Dur dur pour les mamies d'être à jour des derniers champions musicaux et de se faire l'oreille avant que le suivant ne débouche…

Quand l'ado déboule à la maison, on croit bien faire en mettant le CD de X alors que ce dernier est déjà *out* et dépassé par Y découvert hier soir à Taratata ou à la Star Ac'. « Tu y es pas Mamie, il est nul machin, faut écouter le dernier CD de truc ! »

Pourquoi tant d'efforts pour être ringardisée ? Ne nous décourageons pas et continuons néanmoins de regarder leurs émissions préférées pour en parler avec nos « djeun's » quand ils veulent bien soulever leur casque.

Pas question de jouer à la minette, estomac à l'air et string apparent… mais, si les mamies veulent parler avec leurs petits-enfants de ce qui les intéresse, il leur faut se tenir au courant (rapidement…), pour suivre leurs goûts ou réagir. Ah ! mais…

Les enfants apprennent le dialogue à l'école et le plus souvent avec leurs parents, mais si les mieux lotis abordent en famille tous les sujets, rien n'empêche les mamies d'entendre et d'accepter ce qui les anime. Il n'y a pas que les jeunes pour apprendre des moins jeunes… l'inverse est vrai aussi.

Si elles ne sont pas là pour aimer toutes les nouveautés, les « séniorettes » peuvent aussi chercher à comprendre ce qui passionne les ados, âge où l'on se cherche à travers tout ce qui se présente, et se demander pourquoi tel ou tel comportement, emballement ou façon de s'habiller. Cela fait aussi partie de l'amour à donner.

Est-ce si important d'obliger le teenager à porter des mocassins de cuir alors qu'il ne rêve que de « Nike » ? Et à quoi servirait qu'il se fasse huer à la récré, parce qu'il n'a pas de « fonds de culotte » : pantalon au ras de la raie des fesses, et tombant sur les pieds, comme s'il avait mis ceux de son grand frère.

Pour m'aider et tenter de m'adapter, j'ai une petite recette : me souvenir de mes rapports avec Grand-Mère ou Bonne-Maman qui avaient construit face à moi un mur d'incompréhension à cause de formules lapidaires : « Tu ne vas pas sortir comme ça ? » ou, avec un soupir, « Ce n'est plus comme autrefois… Je ne te comprends pas… » et le fameux « De mon temps… » qui me donnait envie de fuir pour éviter la suite ; toujours les mêmes phrases, totalement inefficaces à mon égard si ce n'est à creuser le fossé entre nous.

On apprend autant en regardant Harry Potter et Spiderman que la Fée Clochette et Thierry la Fronde.

Parmi tout ce qui pourrait nous séparer actuellement si nous n'y prenons garde, nous pouvons citer :

- mettre sans cesse les CD d'Aznavour ou de Julien Clerc sans tenir compte de Calogero, Raphaël et sa gueule d'ange et Diam's, l'héroïne des beurs et des autres. Il suffit d'alterner, un coup les Victoires de la musique, un coup Bruel, du pop-rock et du blues… ;
- ignorer (Internet est là pour ça… et quelques magazines ciblés aussi) ce qu'on entend sur les radios des « djeuns… » On aime ou on n'aime pas mais tout n'est pas nul, loin de là. Se rappeler les réflexions de nos parents, lorsqu'on twistait… (une danse de singes) ;
- refuser sans y avoir goûté les boissons gazeuses de couleur brune, qui, paraît-il, sont excellentes à petite dose pour l'estomac… ;
- être ignare en textos ou SMS, les enfants adorent et font preuve de beaucoup d'imagination dans leur vocabulaire phonétique, ce qui ne les empêche pas d'être bons en orthographe. Y veiller mais s'entraîner aussi, c'est bon pour les neurones prêts à ramollir ;
- refuser de regarder les feuilletons avec eux. Au moins on pourra en parler ensemble, à condition de ranger aux archives tous les *a priori* ;

- ne pas connaître les héros des ados et comment « ils » en parlent… Batman, Spiderman et bien d'autres plus récents. Il y a assez de posters dans leur chambre et sur le net pour être renseigné et connaître, entre autres, les actes de bravoure de ce Chinois qui saute depuis une tour de dix étages, Brice de Nice… (cassé !) et les films à effets spéciaux qui dévalent sur les écrans.

Tout cela n'empêche pas de tirer d'un fond de tiroir la photo de Johnny à 30 ans, avec dédicace lors de ses premiers concerts ou à Saint-Tropez. À noter que cette star-papy s'est débrouillée pour conquérir tous les publics, en troquant sa guitare que nous aimions bien (Ah ! Que je t'aime…) contre un tintamarre éblouissant séduisant les plus jeunes. Oui, Woodstock, rap et slam peuvent faire bon ménage.

Un nouveau jeu à la portée des mamies : beaucoup de jeunes chantent ou récitent par cœur les banalités marchandes émises par les publicités-télés. Un bout de musique et c'est au premier qui donnera la marque… drôle de jeu auxquels nos grands-mères préféraient « Jacques a dit » ou chanter en canon *Frère Jacques*…

Autant d'efforts côté mamies à ne pas négliger si l'on souhaite se recycler plutôt que tirer (définitivement) le rideau sur l'actualité même futile. On peut regarder *Arte* et des feuilletons dits « débiles » mais, si possible, éviter les : « Je n'y comprends rien, je suis trop vieille » ou « Je ne peux plus suivre », car on risque de le croire… et hop ! direction la résidence des Violettes.

La retraite (vilain mot qui ne doit concerner que la profession) permet de regarder (un peu) leurs jeux vidéo, il y en a de fort instructifs et d'autres sur lesquels il est bon de donner son avis. Le temps libre est un atout, il permet de réfléchir, de chercher à comprendre ce qui peut bien donner à un ado des envies de violence, même virtuelle…

Gardons pour nous la nostalgie, les enfants ont du mal avec ça… et mieux vaut s'intéresser à ce qui les motive et les rend heureux qu'à ce qui fâche. Les parents sont là pour ça, et viendra assez vite pour eux le temps de franchir les obstacles et d'avoir du mal à s'enthousiasmer. L'avenir qui les attend n'est pas rose…

Mieux vaut profiter de leur insouciance que de leur transmettre notre mal de vivre devant un avenir différent mais pas facile non plus.

Certaines mamies sont là pour nous transmettre leurs forces et leur optimisme. Parmi les plus solides d'aujourd'hui et de demain, on peut citer, même si elles sont encore en minorité :

- Les chauffeurs(ses) de camion ou de TGV. Amusant d'en parler à l'école pour les petits, d'aller dans la cabine de pilotage et d'en savoir long sur le code de la route ou la vitesse de nos trains d'élite. Délicat peut-être d'avoir plus à dire sur les 3 tonnes de Mamie que sur le travail sédentaire de papa…
  À ménager, à évoquer avec délicatesse, à trouver les bons mots. Y sommes-nous pour quelque chose s'il y a davantage de jouets camions que d'agrafeuses en cadeau de Noël ? Et les 3 tonnes ne séduisant qu'un temps, et seulement les garçons, papa retrouvera vite sa place privilégiée dans le cœur de son fils.
- Celles qui boursicotent toute la nuit à l'écoute du cac 40. Les enfants ne comprennent pas ce que peut bien faire Mamie sur son ordinateur mais, certains matins, quand on la voit radieuse s'exclamer « Aujourd'hui c'est la fête », on sait qu'elle a gagné et que tous vont en profiter…
- Celle qu'on a prise pour le grand frère de Fabien quand elle est arrivée casquée et culottée de cuir au pique-nique de Pâques. Maman a fait : « C'est de l'inconscience à ton âge. » Papa est accouru voir de près la moto et les enfants auraient bien voulu l'essayer…
- Les mamies politiciennes, militantes humanitaires et pourquoi pas présidentes ! Vu l'âge de nos dirigeants, cela ne saurait tarder… On peut les voir distribuer des tracts sur les marchés, prêtes à enrôler leur petit-fils avant les élections… Si le candidat a

les faveurs des parents, il n'y aura peut-être pas d'orage, quoique… Sinon gare aux lendemains qui ne chanteront pas…

- Les mamies enceintes… dont on a beaucoup parlé en Italie grâce à des médecins inconscients ou optimistes (?). À éviter, peut-être, mais pourquoi accepter les papas sexagénaires, qui vont chercher, appuyés sur leur canne, l'enfant à l'école et s'offusquer quand des dames du même âge promènent leur bambin ? De toute façon, encore un bienfait de la télé que de pouvoir, après un reportage, discourir sans fin sur ces éventualités qui seront peut-être banales pour nos petits-enfants devenus grands-parents…
- Mamie qui fête son Pacs avec sa copine : encore peu courant, mais en route, donc à prendre en marche et ne pas éviter là aussi le dialogue quand cela se présente : « J'ai vu la mamie de Mélissa embrasser sur la bouche tante Claudy. » Les parents : « Ah bon ! Tu es sûre ? » La mère avale sa bouchée de purée et prend son temps pour avancer ses phrases, surtout que, pour elle, la découverte est de taille… Passe pour la mamie qui a viré de bord, mais sa sœur aînée lesbienne, aïe aïe aïe… La vérité sort de la bouche des enfants et la nier serait refuser leur confiance. Bon courage les parents !
- Les baroudeuses en trekking ou à dos de chameau, j'en ai vu au fin fond de la Mauritanie, malades comme les jeunes après l'absorption de graisse de chameau mais plus solides sur leurs jambes dans les dunes…
- Et tous ces artistes en tournée au-delà de 60 ans. Ils ont bien des petits-enfants !

J'entends encore ma grand-mère citer Cécile Sorel et Sarah Bernhardt, grandes comédiennes, mais véritables phénomènes puisque seules à monter encore sur les planches à plus de 60 ans.

Nos petits-enfants vont devoir s'habituer à entendre, à lire avec plus ou moins d'entrain, mais pour la première fois dans l'histoire, quatre générations de chanteurs, romanciers, compositeurs, etc., cohabitant chez disquaires et libraires.

Ainsi va la vie, la santé, la joie de vivre et l'espoir des juniors jusqu'aux seniors…

XI

Chez Mamie : web, mails, textos, vidéo...

Chez ma grand-mère, il y avait de drôles d'objets que mes petits-enfants ne verront sans doute jamais, sinon à la brocante ou dans certains musées : un panier rond sur le buffet, avec des pelotes de laine et des aiguilles entremêlées qu'elle prenait en fin de journée pour fabriquer un chandail à Grand-Père ou à son fils (pas toujours ravi du résultat).

J'étais aussi admirative de voir à quelle vitesse elle tricotait parfois avec quatre aiguilles que devant le jongleur du petit cirque de village.

Les tricoteuses avaient aussi un œuf, en bois chez Grand-Mère, en ivoire chez Bonne-Maman (différences budgétaires...), qui servait à repriser les chaussettes. On l'enfonçait au bout de la chaussette, on le tenait fermement et c'était tout facile de recoudre les trous. Qui parle maintenant de « repriser » ? Le terme est-il toujours valide ?

Côté travaux manuels, j'ai dû être une des dernières à tricoter la layette de mes bébés, selon recettes ancestrales pour brassières et chaussons.

Lasse du bleu pour les garçons, rose pour les filles, je me souviens d'avoir scandalisé ma belle-mère en choisissant une laine jaune, faisant ressembler mon nouveau-né à un poussin.

Il y avait dans tout ménage un moulin à café qu'on ne trouve maintenant que chez les antiquaires, pour lequel nous nous battions mes cousins et moi pour tourner la manivelle.

Grand-Mère portait toujours un tablier noir, Bonne-Maman en mettait un à carreaux dès qu'elle entrait dans sa cuisine.

Toutes deux lisaient *Le Pèlerin* et *La Veillée des chaumières* où sur la couverture on voyait souvent un homme à lunettes en longue robe blanche et à l'air si sérieux qu'il me faisait peur.

Chez Bonne-Maman, il y avait une machine à coudre toute noire, avec des inscriptions dorées « Singer » et des pédales, table surmontée d'une sorte de vache noire en métal sur laquelle se dressaient deux bobines de fils. À chaque coup de pédale, une aiguille transperçait le tissu et je me faisais gronder quand j'errais sous la table.

Quand elle s'y installait, la vieille dame ronde mettait ses lunettes et se penchait sur robe ou pantalon qu'elle tenait des deux mains de part et d'autre de l'aiguille. Elle pédalait plus ou moins vite et tout cela faisait un bruit d'enfer.

À la cuisine, les casseroles étaient bien rangées sur le mur, de la plus petite à la plus grosse et, surtout pendant la guerre, mes grands-mères remplissaient la cuisinière de « petit bois ». Il y avait plusieurs trous sur le dessus et des couvercles qu'il fallait ouvrir avec une fourchette spéciale pour attiser le feu. Sur les trous, plus ou moins grands, une cocotte en fonte frémissait souvent en faisant des « flop, flop, flop » quand la sauce s'agitait un peu trop. Alors Bonne-Maman se précipitait et retirait la marmite.

Pas si loin que ça, ce temps-là… à peine 50 ans.

J'ai grandi, je suis devenue maman et peu à peu le cadre de vie de mon enfance s'est transformé.

Il restait des traces du vieux décor mais ma mère cousait sur une machine plus moderne, verte et carrée. On inventa aussi la machine à tricoter qui faisait grand bruit et prenait de la place. Il me semble que cette dernière a disparu rapidement des foyers. Après-guerre sont arrivés les cuisinières à gaz, à l'électricité, les plaques chauffantes et plus proches de nous les fours à micro-ondes. Le téléphone s'est aussi répandu dans toutes les familles ainsi que la télévision.

Tout cela et plus encore sur un demi-siècle.

Qu'y a-t-il chez les mamies d'aujourd'hui pour faire rêver et laisser des souvenirs aux petits ? À eux de nous le dire…

Progrès, effets et… dérives de la « libération féminine »

Beaucoup moins souvent aux fourneaux, les dames d'âge mûr ont pris goût aux loisirs, aux sorties et au farniente.

Le petit écran a pris une large place et toutes les mamies d'aujourd'hui l'ont vu naître et apprécié (tout au moins au début). Quel miracle de découvrir dans l'immédiat des images du monde entier plutôt que d'écouter simplement les informations à la radio.

L'écran a séduit autant les grands que les petits et sa découverte a été une grande joie pour tous, en noir et blanc puis, nouvelle surprise, en couleurs. Les anciens s'approchaient de l'écran pour ne rien en perdre, ma grand-mère (sur la fin de sa vie) répondait bonjour à la « speakerine » et mettait ses habits du dimanche pour assister à la messe télévisée… Pour beaucoup, c'était la fête devant les matchs de foot et de rugby, on réunissait les copains lors des coupes du monde pour la joie ou… les scènes de ménage.

Les dames elles, tout au moins celles qui restaient encore au foyer, avaient leurs émissions, surtout en début d'après-midi ou le matin lorsqu'on présentait recettes et produits miracles. Il y avait peu de chaînes, les présentateurs et producteurs étaient inventifs et personne n'était blasé. On espérait, grâce à la télé, « instruire » les petits, les ouvrir sur l'univers alors qu'à présent les parents font tout pour réduire des heures de visionnage parfois stériles.

Quand on va chez Mamie, on en profite un peu mieux, un peu plus, et souvent on prend le temps de choisir ensemble le film pour en parler ensuite.

Le temps des mamies est plus élastique, elles ont la chance d'être disponibles.

Il y a aussi les DVD, les vieux films et… les autres que l'on va chercher à la vidéothèque. Que de tergiversations et de rires avant de choisir entre *Spiderman*, *Star Wars* et *My fair Lady*. On s'accorde sur les « One man shows » où des comédiens font la joie de tous.

Quand arrivent chez mamie les ados casqués, branchés, portable scotché à l'oreille, « faut s'accrocher » car il va falloir beaucoup de diplomatie pour les amener vers des joies plus conviviales et leur faire quitter leur harnachement.

Si la plupart des « séniorettes » se sont mises à utiliser le téléphone portable, elles le cherchent souvent. C'est un jeu, et les gamins ont un truc imparable pour rassurer Mamilou ou Mamie Odile : « Attends Mamie, je vais t'appeler sur le mien (ou sur le fixe) et tu le retrouveras ton mobile… »

Ces inventions permettent aux mamies de passer moins de temps en cuisine, ou alors par pur plaisir et gourmandise, et davantage d'heures en récréation. On s'amuse à créer de nouveaux textos et à s'initier aux jeux vidéo, et les ados ont parfois un sourire amusé mais discret du genre : « Elle n'y arrivera jamais Mamie, mais c'est trop drôle de la voir essayer… »

Là où les générations ont du mal entre elles, c'est peut-être avec les publicités sur l'écran.

Ayant connu une période faste qui laissait peu de place à l'incitation-consommation, les mamies ont eu droit à des émissions et films jamais interrompus alors que les petits-enfants d'aujourd'hui regardent ces coupures comme un court-métrage. Tout est fait, étudié, « marketisé » pour les y intéresser et il arrive même d'entendre « chut » au cinéma devant un écran de pâtes au ketchup ou de voitures rutilantes, si on papote en attendant le film. Je suis sans doute rétrograde mais si je paie ma place c'est pour un spectacle choisi et pas pour une demi-heure insipide et bruyante de matériels en tous genres que je sais où trouver si j'en ai besoin… Et non seulement je paie ma place, mais j'ai découvert, naïve jusque-là, que ce sont les consommateurs, vous et moi, qui payons aussi la somme considérable servant à la réalisation de ces publicités ! Il faut le dire aux petits, mais inutile de juger, de supprimer, de fermer la télé sans s'expliquer autour du phénomène. Il faut beaucoup de calme et de conviction pour expliquer tout cela aux petits, tant ces minifilms sont faits pour les motiver, à partir d'études marketing très poussées.

On peut essayer, certains messages (autres que publicitaires), certaines phrases ressurgiront plus tard, et chacun, quel que soit son âge, a à apprendre des petits et des grands. On peut tenter aussi de les suivre, de comprendre pourquoi cela les touche, de trouver les images fort belles, souvent des couchers de soleil ou des amoureux attendris devant une tasse de café et de discuter aussi autour de l'impact et de l'objectif. En période de Noël, la télévision se déchaîne et assène tout et n'importe quelle pub autour des jeux et cadeaux entre deux dessins animés ; les enfants supplient leurs parents d'acheter le dernier truc à la mode, papa-maman ont du mal à résister…

Idem pour les seniors, les publicités sont aussi liées aux émissions : c'est pendant un reportage sur les résidences idylliques pour retraités, les « cors aux pieds » ou « l'arthrose » que l'on a le plus de chances de subir une coupure illustrée de « sonotones » ou de « portails à baignoires ».

Difficile d'échanger gaiement et sous forme de jeu avec les enfants sur ces thèmes pour leur expliquer les bases du marketing.

Heureusement que pour remplacer la corbeille à pelotes et *Le Pèlerin*, il y a bien d'autres outils apportés par les petits-enfants chez Mamie et que certaines adoptent, après avoir eu le courage de s'initier.

Qui sait, au-delà de 60 ans, ce que signifient ces termes sauvages : Nintendo, Playstation, iPod, plasma, MP3 et même MP4 ?

Quant à la console qui dans mon dictionnaire est une table étroite appliquée contre un mur, je crains que le sens en soit aujourd'hui un peu différent.

Il paraît qu'il y a des mamies accros aux jeux vidéo, nouvelle passion des 7 à 77 ans et qu'une certaine madame Saint Hilaire détient le record avec 23 heures par jour de jeu. Elle a gagné un tournoi à New York et fait même le clou de manifestations multimédia...

Son petit-fils, véritable fan de sa grand-mère, a rédigé un blog en son honneur avec photos et vidéos de celle-ci... prise en flagrant délit!

Moi qui regardais, admirative, ma bonne-maman pédaler sur sa machine à coudre, me voilà maintenant ébaubie devant mes petits-enfants aussi vite « branchés » sur ces incessantes nouveautés à leur disposition.

Et qui dit que l'ordinateur ne sera pas obsolète quand ils auront eux-mêmes procréé, et que leurs descendances ne regarderont pas avec ironie cet engin mis définitivement à la casse?

Si certaines mamies renoncent à se tenir au courant de ces outils et parfois les parents aussi, vu la vitesse à laquelle ils se démodent, mieux vaut néanmoins se renseigner et acheter pour Noël un jeu qui fera pâlir d'envie les copains, plutôt que la bande-vidéo des *Trois Mousquetaires...*

Chez les mamies, le décor a changé, le scénario aussi. Elles ont le choix: soit renoncer à s'adapter, soit se faire expliquer gentiment par les petits la suite de l'histoire et dans quel monde ils vivent, pour ne pas les perdre de vue. Dur dur d'être mamie!

XII

« J'te kiffe grave »
Dictionnaire à l'usage des mamies

(coauteur : Marie)

De tous temps les enfants ont aimé créer leur langage ou modifier les mots pour s'amuser, et le « verlan » ne date pas d'hier.

C'est déjà un signe d'indépendance que de souhaiter communiquer entre « initiés » grâce à une langue secrète excluant les adultes.

Mais, ces dernières années, les pré-ados ont accéléré le mouvement en créant un vocabulaire qui transforme totalement le sens d'un mot. Exemple :

– « C'est mortel » pour « c'est formidable ».
– « J'hallucine » pour « pas possible ! »

J'ai même entendu récemment des lycéens dire que le langage des jeunes évolue tellement vite qu'ils ne comprennent plus leur petite sœur.

Cela prend tellement d'ampleur que les mamies se doivent d'en connaître quelques mots, sous peine d'être totalement larguées devant des petits-enfants devenus des étrangers.

Il serait, à mon avis, aussi dommage pour une septuagénaire de s'exprimer comme une adolescente que de nier et refuser totalement les comportement et langage de ses petits-enfants. Et si une mamie peut être alertée sur certains comportements suspects en surprenant une conversation en verlan entre gamines, à elle de jouer, comme elle pourra, mais une mamie avertie en vaut deux.

Les mamies ont parfois entre elles de drôles de phrases aussi, dont les petits aimeraient avoir la traduction : le « chandail », le « spencer » et bientôt la « cravate » seront des mots obsolètes.

Quand l'enfant paraît, on dorlote des bébés inconditionnels, puis on raconte des histoires à des enfants curieux et toujours à l'écoute, et arrive la puberté avec ses aléas : le besoin de se différencier, voire de se rebeller. Période difficile surtout pour le jeune en mutation et pour ses parents directement concernés. Les mamies ont une place en or comportant moins de responsabilités et le temps de s'initier, ce qui est un bel exercice pour garder ses neurones en bon état.

Depuis l'avènement des portables, on arrive, avec les textos, à des sommets du genre. Il s'agit d'aller vite sur un écran étroit (où sont mes lunettes ?) et la manipulation des touches n'est pas évidente. S'y entraîner est très bon pour l'arthrose…

Merci à Luc et à Marie pour leur aide efficace dans l'entretien de mes neurones en « élargissant » mon vocabulaire…

Le téléphone portable et les SMS permettent non seulement d'écrire en code mais aussi en phonétique. Exemples :

– « Kwa29 » pour « quoi de neuf? » et MDR pour signifier que le propos est amusant (mort de rire).

Vive la créativité ! Les enfants adorent inventer de nouvelles formules, c'est à qui surprendra le plus les copains (ou la mamie…). Quelques exemples pour ne pas mourir idiot(e) :

– asteur = à cette heure ;
– pck = parce que ;
– el va crisé = elle risque de se mettre en colère ;
– enf1 = enfin.

Aucune vulgarité là-dedans mais de l'ingéniosité et un risque qui désole les instituteurs car l'orthographe peut en pâtir…

Personne ne demande aux mamies d'apprendre par cœur ce langage, ni de l'utiliser couramment dans leurs rando-séniors, mais résister risque de creuser irrémédiablement le fossé des générations.

Les différences de culture liées à l'âge me semblent suffisantes pour qu'on n'en rajoute pas.

Et ce n'est pas parce qu'on va parler d'un film comme d'un « truc de ouf » qu'on ne saura pas transmettre les vers de Molière.

Je vous livre ci-dessous quelques secrets permettant de faire face sans perdre la face :

Facile :

– « trop la honte ce blouson » : ce vêtement est ridicule.

Connaître cette formule va simplifier vos achats : au moins c'est clair, votre cadeau est une erreur, il ira droit au panier, mieux vaut le changer ;

– « race (sa) » : exprime le mécontentement, dans un style châtié, entendre « je suis d'humeur maussade ».

À savoir néanmoins que le terme « humeur maussade » est rarement compris autour de 12 ans… et si Mamie l'utilise, il faudra traduire ;

– « sa race, c'bouffon » : même signification au superlatif concernant un voisin ou collégien pas vraiment apprécié.

Par contre :

– « ça déchire sa race » signifie « c'est superbe ».

Si l'ado dit cela à sa mamie, celle-ci doit remercier, c'est un compliment ;

– « chelou » : bizarre, inhabituel. Signifie à l'égard de Mamie qu'elle est bizarrement accoutrée ou a mis sa veste à l'envers ;

– « je suis vener » : « je suis énervé »… ou pire « je suis en colère ». Facile à exprimer, vite compris et à la portée de toutes les mamies excédées par des musiques un peu trop bruyantes ou une consommation excessive de frites + coca.

Curieux et pourtant vrai : à signaler que si mon grand-père, ignorant les sonotones, demandait que l'on parle plus fort, les papys-mamies d'aujourd'hui demandent qu'on baisse le son…

Courant :
– « elles sont trop mortelles tes Nike », ce qui en langage châtié se dirait : « très belles vos chaussures, d'où viennent-elles ? » ;
– « ça caille vener » : il faut monter le chauffage.

Plus difficile :
– « comme je lui ai niqué sa race à ce bouffon » : je sors vainqueur du combat. Rarement placé dans une conversation mamie-ado mais entendu plus souvent entre deux copains, petits coqs…
Intéressant : peut signifier que le petit-fils commence à se comporter comme un homme… ou pire, un macho en puissance.

Troisième niveau :
– « il m'a carotté un zedou de teuchi, l'bâtard, tu vas voir comme je vais le niquer grave » : là attention, petits-fils en danger… Le contenu du vocabulaire prouvant l'avancée vers des terrains très glissants… Ce que je ne souhaite à aucune mamie mais mieux vaut avoir « la puce à l'oreille » que réagir trop tard ;
– à l'usage des ados garçons parlant des femmes. : quand j'avais 15 ans, le terme « gonzesse » était répréhensible, mais il est totalement dépassé par celui de « meuf », on dit « ta meuf », « ma meuf », un peu comme nos copains disaient « ma mobylette » ;
– « mito » signifie « mensonge » et prouve une certaine connaissance des termes freudiens… ;
– « tej » = jeter : « t'aurais vu comment j'ai téj la prof d'anglais ».

Signifie que le jeune ou la minette a quelques problèmes relationnels avec son professeur;

– un terme plus joli, presque poétique: « ta tarte, Mamie, c'est du porte nawak »…

Apparemment le petit-fils n'apprécie pas le dessert amoureusement cuisiné et indique que c'est « n'importe quoi »;

– « j'la kiffe celle-là: je suis très amoureux… Pas question d'en dire plus sous peine de « prendre la honte »…

– « Papa, il a une bête de turvoi »: le fils de Mamie vient de changer de voiture, et celle-ci est parfaitement du goût du petit-fils;

– attention, « imbitable » n'est pas un mot porno, mais veut dire « incompréhensible ».

La plupart des mamies peuvent donc prétendre que le langage de leurs adorables petits-enfants est devenu « imbitable »…

Cela dit, nos petits-enfants savent parler français et, s'ils utilisent ce vocabulaire devant nous, c'est souvent « de la provoc ». Laisser dire, se fâcher ou traduire? À chaque mamie sa réponse.

Je n'irai pas plus loin dans ce lexique qui doit beaucoup à mes petits-enfants, (très bons par ailleurs en orthographe), ces quelques formules devant suffire à ne pas se faire traiter trop rapidement de « ringarde », « hasbeen » ou pire… car il doit bien y avoir un mot pour ça…

XIII
Confidences de grandes et de petits

Dans mes rencontres avec les mamies, les enfants, les petits-enfants, j'ai recueilli maintes anecdotes, ressentis et commentaires autour de la grand-maternité.

D'autres proviennent de « blogs », forme d'expression inépuisable pour qui sait farfouiller sur le net.

Un petit Bastien définit ainsi la mamie idéale : « Qu'elle me donne à manger ce que j'aime, qu'elle ait toujours des bonbons, qu'elle me laisse regarder la télé, qu'elle me raconte des histoires, surtout celles de maman quand elle était petite. »

Arnaud, 11 ans : « Qu'elle soit jamais fâchée, qu'elle me dise des bêtises qui me font rire et qu'elle me fasse des frites quand je vais déjeuner chez elle » (site séniorplanet).

Christophe 6 ans : « J'aime bien demander à Mamie comment c'était l'école quand elle était petite, et si mon papa faisait aussi des bêtises » ou « On ne les voit pas tout le temps, alors on peut faire avec eux des choses qu'on ne fait pas avec les parents. »

J'ai trouvé ailleurs aussi des textes savoureux, écrits à l'école sur le thème « Que pensez-vous des grands-mères ? » et que je me réjouis de transmettre :

« Les grands-mères n'ont rien à faire, elles n'ont qu'à être là. Quand elles vous emmènent en promenade, elles marchent lentement, sans écraser les belles feuilles ni les chenilles. Elles ne disent jamais : « avance plus vite ». En général elles sont grosses, mais pas trop, pour pouvoir attacher nos souliers. Elles savent qu'on a toujours envie d'un second morceau de gâteau ou du plus gros. Une vraie grand-mère ne frappe jamais un enfant ; elle se met en colère en riant. »

« Les grands-mères portent des lunettes et parfois elles peuvent même enlever leurs dents. »

« Quand elles nous lisent des histoires, elles ne sautent jamais un bout et elles disent oui si on leur réclame la même histoire plusieurs fois. »

« Les grands-mères sont les seuls adultes qui ont toujours le temps. Elles ne sont pas aussi fragiles qu'elles le disent, même si elles meurent plus souvent que nous. »

Le commentaire que je préfère : « Tout le monde devrait essayer d'avoir une grand-mère surtout ceux qui n'ont pas la télé. »

Et quels mots émouvants de la part d'un petit Charles : « Quand ma grand-mère a eu de l'arthrite et qu'elle ne pouvait plus mettre du vernis sur ses ongles d'orteils, mon grand-père le faisait pour elle, même après, quand il avait aussi de l'arthrite dans les mains… »

Les mamies 2000 ayant aussi leur mot à dire sur leur mode de relation aux petits-enfants et sur la différence entre leur comportement et celui de leurs grands-mères, j'en ai interrogé quelques-unes :

« Quitte à paraître vieux jeu, je ne pense pas que les grands-mères doivent adopter le vocabulaire et les allures des jeunes. Notre rôle n'est pas de jouer dans leur cour de récréation, à chacun sa cour, ce qui n'empêche pas les passerelles. »

« Mon rôle de grand-mère : écouter et conseiller. Par rapport à ma grand-mère tout a changé et je dirais surtout la liberté d'être soi-même comme avant les petits aussi. »

« Depuis que je suis mamie, je pense que cela sert à équilibrer les informations que peuvent donner les parents. Ça sert aussi à jouer autrement, à dire des petits secrets, à faire différemment de ce qui doit être fait, la loi n'est pas la même qu'avec papa-maman. Une mamie, une grand-mamie, c'est vraiment la découverte que le temps passe… »

« Une mamie, c'est d'abord une femme et à chacun son rôle à jouer. Une mamie sert à enseigner la sagesse aux enfants, une sagesse par rapport à la vie, qui fait prendre le recul nécessaire face à l'analyse des risques, et qui conduit à la perception d'autrui. Elle peut apprendre aux petits ce passé, qui constitue l'histoire de tous les jours, les évolutions, faire rêver les enfants au travers de leurs récits et les faire espérer. En fait, elles garantissent ainsi un équilibre entre le futur vers lequel tendent les parents et ce passé qui constitue le patrimoine des êtres. »

« Une mamie ça sert à ouvrir des perspectives dont les parents n'ont pas le temps de s'occuper. Elles ont le temps de sortir, de montrer, faire voir et écouter. Plus indulgentes car il y a moins d'enjeux qu'avec les parents, elles peuvent s'abandonner plus facilement à leur amour. »

« Actuellement, les grands-parents sont un point d'ancrage très fort, une stabilité et un repère. »

« C'est plus difficile qu'autrefois d'être mamie car on doit s'imposer d'abord en tant que femme et ensuite en tant que mamie. Cela n'est pas toujours bien perçu par nos enfants qui s'attendent simplement à se décharger des contraintes sur elles… je ne suis pas disponible sur un coup de sifflet. Je vis ma vie de femme, sors, voyage, fais du sport et j'ai beaucoup d'activités. »

« Une mamie c'est une confidente pour ses petits-enfants, c'est quelqu'un qui les accepte comme ils sont, elle fait le relais avec les parents, ce qui est d'autant plus facile qu'elle n'en a pas la responsabilité quotidiennement. »

« Avec mes petits-enfants on parle de tout, alors qu'avec ma grand-mère j'avais une certaine distance. »

« Nous n'avons plus rien à voir avec nos grands-mères d'antan. Avec mes petites-filles nous discutons pas mal, nous allons au cinéma, nous échangeons nos avis sur la *Star Ac'* où je vote pour faire plaisir à l'une d'elles. Elles aiment que je leur passe des pulls alors que pour rien au monde j'aurais aimé, à cet âge-là, mettre les affaires de ma grand-mère… »

D'une mamie créative : « Pour mes petits-enfants, j'ai trouvé des tas de trucs qui auraient désespéré ma propre grand-mère. Par exemple :

- pique-niquer sur le tapis du salon quand il pleut ;
- utiliser le ketchup sur le riz en développant le sens artistique ;
- cueillir des mûres sans souci des tâches, vu que je leur ai fait des vêtements spécial "cueillette et confitures" ;
- dîner à l'heure du chocolat-tartines et petit-déjeuner le soir ;
- nous asseoir dans le jardin et écouter l'herbe pousser ;
- faire loin dans la nature le concours de celui qui hurle le plus fort ;
- nous relever la nuit pour observer les vers luisants. »

On imagine la joie (?) des parents quand ils « récupèrent » leurs enfants…

Et enfin quelques lignes réalistes sur les comportements et vocabulaires de l'an 2000 d'une mamie qui se définit sur son blog « mamieweb » :

« J'observe des commentaires et des actes qui m'inquiètent. Jean Gabin disait à Michèle Morgan "T'as de beaux yeux tu sais, on dit que les yeux sont le reflet de l'âme."

Et maintenant j'entends dire à la télé :

- "Qu'est-ce qui te plaît surtout chez les femmes ?"
- "Ses fesses"…

Et on parle de préservatifs entre le potage et le fromage… J'admire les jeunes qui regardent tout cela et réussissent à rêver d'amour… »

Plus sérieux, une enquête venant du Québec auprès de jeunes entre 16 et 20 ans :

- Ce qu'ils aiment le plus chez les personnes âgées : leur histoire, leur écoute, leur générosité.
- Ce qu'ils aiment le moins : peur d'être jugés, de ne pas être acceptés comme ils sont, d'un certain racisme antijeunes. Peur de ne savoir quoi leur dire. Peur de ne rien y gagner (?). Crainte de les voir souffrir, puis disparaître. Quand elles radotent : « Ah ! De mon temps c'était mieux. »

Dans la même enquête, à l'usage des mamies qui se poseraient encore des questions, l'expression de certains besoins chez les ados ou ce que toute personne âgée devrait savoir avant d'entrer en contact avec des jeunes :

- « On veut qu'elles nous respectent et ne soient pas hypocrites. »
- « Qu'elles prennent le temps de nous connaître. »
- « Il faut qu'elles sachent qu'on veut les connaître, elles, leur vie, et se découvrir à travers elles. »
- « Qu'elles n'aient pas peur de nous. »
- « Qu'elles s'intéressent à nous : d'où nous venons, ce que nous aimons. »
- « Qu'elles sachent faire parfois le premier pas et ne pas tout attendre des jeunes. ».
- « Que certains jeunes peuvent avoir des difficultés si elles sont directives ou trop renfermées. ».

Qu'on se le dise… le respect, l'écoute et l'intérêt pour ce qu'ils vivent est constamment cité dans cette enquête (P*ensons famille*, volume 11/6/1999).

Et il se peut même que le respect engendre le respect… Alors à qui de commencer ?

XIV

C'est la fête de Mamie

Si durant vingt siècles on a peu parlé des grands-mères, on dirait que les mamies 2000 prennent depuis peu leur revanche, épaulées bon gré mal gré par la loi du marché.

Dans les magazines, publicités et fêtes en tous genres, on les voit surgir un peu partout bien au-delà des recettes de confitures.

Plus nombreuses et très actives, elles font aussi la fortune du commerce depuis que le marketing, à l'affût de nouvelles clientèles, s'en est largement emparé. Ne nous fâchons pas, c'est parfois grâce à lui et malgré elles que l'on voit apparaître sur nos écrans et dans la presse quelques fringantes « séniorettes ».

On n'arrête pas le progrès, le tout est de savoir s'en servir.

Côté lectures et images, deux mensuels au moins consacrent la majorité de leurs pages à ces dames avec entre autres, chaque année, un dossier mode printemps-hiver, dont les mannequins, même en châle et souliers plats, ont du mal à paraître plus de 35 ans et doivent nager dans la taille 42…

À elles aussi les pages santé, arthrose-dentition-audition, etc., avec toujours une note d'optimisme : « La surdité n'existe plus ! », suivie de photos de stars et autres célébrités portant élégamment leur oreillette… Ou encore : « Respectez vos genoux, ils vous le rendront… », où des mamies en string se massent les cuisses avec la crème « machin »…

J'ai lu aussi : « Osez les caramels ! », exercices de mâchoires à l'appui, un coup à droite, un coup à gauche à faire tous les matins en criant des O et des A.

Bon courage à Papy au réveil… qui lui se retrouve à la rubrique « Plus de ronflement, votre épouse nous remerciera ».

Une publicité pour les cheveux annonce : « Grisonnante ou séduisante ? » Avis à celles qui préfèrent garder leur belle toison d'argent.

Une directrice marketing qui se présente comme à « la pointe du progrès » proclame sur le net : « La jeunesse n'est plus la seule à pouvoir faire rêver… »

Ah bon, mais qui ? Certes, les progrès de la médecine et de la recherche en matière de gels et toniques nous valent de belles mamies mais j'ai du mal à imaginer une quinquagénaire rêver devant une centenaire en string, même sur une plage palmiers-dunes et lagon…

Restons lucides, le rêve se limite aux photos… et peut-être à la forme surprenante de certaines qui, au-delà de 70 ans, gardent sourire et moral au beau fixe en traversant déserts à dos de chameaux ou en 4x4.

De là à séduire Brad Pitt, il y a de la marge…

Rides et cheveux blancs ne sont plus tabous en publicité, certaines agences engagent des mannequins de tous âges et une vie sereine et épanouie pour les seniors est devenue possible, certes, mais avec des perspectives un peu plus courtes qu'à 20 ans, me semble-t-il.

Ce temps limité devrait d'ailleurs pousser les anciens à vivre plus intensément l'éphémère, à jouir tête, cœur et jambes de tout ce qui s'offre à eux en évitant de penser aux lendemains, une fois les obsèques réglées d'avance…

Les pages de publicité ont des tas d'adresses pour cela et les photos qui les accompagnent sont presque joviales (voir plus loin).

Mais gardons l'humour qui fait se côtoyer dans nos magazines spécialisés, gymnastique abdominale, gaines ventre plat et, page suivante, le secret du cassoulet.

Les voyagistes n'ont pas oublié les mamies et les voilà lancées en autobus vers Tamanrasset ou Marmande... Pour elles et pour développer l'économie, on a même créé la carte Senior et des réductions au cinéma.

Les promoteurs immobiliers s'y sont mis, imitant les USA et leurs villages 3e âge, en créant des lotissements consacrés aux anciens, gentiment nommés « résidences sécurisées et conviviales ».

Et voilà qu'on les envoie maintenant outre-mer, le Maroc se disant un nouveau paradis pour vieillir sans soucis !

Les chiffres du nombre de seniors augmentent comme, paraît-il, leur pouvoir d'achat et les responsables de grandes marques les observent en se frottant les mains. Leurs moindres malaises sont pris en compte, on invente des machines pour les aider à marcher, à se coucher ou à s'asseoir, des trucs pour retenir ou replanter les dents, masser les pieds, ramasser leur crayon ou des herbes sans se baisser et entrer dans sa baignoire sans lever un pied... Des chercheurs émérites se consacrent à leur bien-être et les petits catalogues de VPC dont on remplit les boîtes aux lettres, regorgent d'appareils insensés pour, dit-on, leur faciliter la vie. Même la Faculté a dû créer une spécialité pour eux : les gérontologues.

Mais, si les anciens son très présents dans ces sollicitations, c'est aussi que leur mode de vie a changé. On aurait eu du mal à mobiliser mes grands-parents pour aller aux Seychelles et ma grand-mère n'avait que faire d'un ventre plus plat que celui de sa voisine ! Les cheveux teints étaient mal vus et, si le tricot prenait quelques pages dans *Le Pèlerin* ou *La Veillée des Chaumières*, les recettes de barboteuses se transmettaient de mère en fille.

Le XXe siècle a vu la publicité suivre les statistiques et les « styles de vie » d'une clientèle captive en augmentation, et paraît-il florissante.

On peut se désoler ou sourire, quand on voit les pros du marketing oser proclamer sur pleine page couleur « Pensez à vos obsèques… », avec en photo un acteur souriant, apparemment ravi de prévoir (déjà) cette dépense dans son budget. Il est vrai que les émoluments encaissés pour cette prestation vont largement lui offrir un enterrement de première classe, à moins qu'il ne soit directement rémunéré par les pompes funèbres, office religieux inclus.

À remarquer que pour ces publicités funéraires, on a préféré mettre le message au masculin : délicatesse pour les mamies ou calcul morbide, ces messieurs tenant le plus souvent les comptes et mourant les premiers (cf. statistiques) ?

À savoir que, côté chiffres, les seniors représentent 50 % du marché total de l'alimentation.

Surprenant d'apprendre que les anciens engloutissent autant et que leurs dentitions tiennent le coup… à moins que dans ces statistiques entrent les marchés du dimanche en famille et les vacances avec des adolescents affamés.

J'ai bien apprécié dans la même étude (*Process alimentaire*, n° 1227) l'adaptation de l'emballage pour cette « population » qui ici semble friser le handicap profond : « Des ouvertures faciles, ergonomiques et aisément préhensibles, un étiquetage clair, des couleurs tranchées, un texte lisible. »

On les appelle les happy-boomers, dont on dit aussi qu'ils regardent énormément la télé : d'où les fameux emballages à décortiquer avec démonstration à l'écran…

En conclusion d'un article vu sur le site « senioragency » : « Partez à la conquête des happy-boomers, ils raffolent de vos marques, ils les consomment, ils vous attendent… » Gentil de penser à eux mais faudrait pas trop les prendre pour des gogos !

Les professionnels, qui ont dû lire cette déclaration et la prendre au mot, doivent relever les fichiers des caisses de retraite, car c'est depuis l'âge présumé d'un ralentissement de vie active que je reçois (trop) souvent des appels téléphoniques, où d'une voix triomphante on m'annonce que j'ai gagné une cuisine ou un aspirateur. À entendre les précautions prises par les stagiaires du phone marketing, avec une élocution lente et beaucoup de précisions, telle une maman gaga parlant à son bébé, il est évident qu'une formation spécifique leur a été donnée pour s'adresser à tous les seniors y compris ceux dont les neurones sont défaillants.

Mais baisse d'énergie ou de locomotion n'allant pas forcément de pair avec baisse de revenus, les vendeurs se déchaînent, précisant : « Bien sûr, on viendra vous chercher à domicile pour choisir votre lot… »

Pour ceux qui connaissent mon coin réchaud-évier et mon peu d'enthousiasme pour tout appareil bruyant, on imagine comment je reçois ces pauvres stagiaires mal payés et à la recherche de clientèle prête à croire que les marques font des cadeaux pour le plaisir des vieux… Mais rions un peu…

Sur des magazines, dits de VPC, remplissant aussi ma boîte aux lettres, j'ai relevé quelques slogans croquignolets :

- « Les pieds bien au chaud en restant élégantes » sous une photo de pataugas gris, que j'aurais de mal à conseiller pour une soirée ou le mariage de la petite dernière… Pour la chaleur, aucun problème quand on voit le laçage jusqu'au mollet et « l'épaisseur molletonné » (c'est écrit) de la texture, mais marcher léger et glisser-danser sur un parquet avec de tels outils aux pieds relève d'une expérience de cascadeur à moins que la mode n'ait changé et que la bourrée fasse de nouveaux adeptes.

Mais lisons plus loin d'autres commentaires destinés à nous convaincre : « D'une ligne très féminine (!), soulignée d'une bordure façon velours, les empiècements imperméabilisés vous permettent de franchir les flaques sans avoir les pieds mouillés. » C'est la moindre des choses, me semble-t-il, pour ce qui ressemble plus à des bottes de loup de mer qu'à des escarpins!

Amusant mais prématuré pour la majorité des mamies, sous le titre « Vêtements bien protégés », on voit une délicieuse jeune femme (maximum 45 ans) munie d'un énorme bavoir pour manger des spaghettis à la sauce tomate (en couleur...). Là, on ne parle plus d'élégance, mais d'une « fixation autoagrippante (?) derrière le cou » avec en mention spéciale fluo: « Plus de soucis pour les taches. » À croire que ça se vend... mais à qui?

Je passe sur tout le matériel pour cors au pied du style « écarteur d'orteils », « coussinets », « protège-oignons », « redresse orteil » (à porter la nuit) et j'en arrête là pour ne pas miner le moral des millions de mamies qui dansent et randonnent... sans douleurs ni prothèses.

« Trop drôle » comme dirait ma petite-fille: le rehausseur de siège WC pour n'avoir point à se baisser et « non aux gênes urinaires » dont je n'ai pas lu la suite pour savoir de quelle gêne il s'agissait, trouvant le propos prématuré pour moi.

Comment font-ils pour trouver des photos presque attrayantes pour ces rechanges et des « comédiens » pour y figurer?

J'aimerais beaucoup participer (en tant qu'observatrice ou script) aux séances de créativité et de tournage de ces marques. J'imagine la mamie, lors d'un déjeuner familial: « On t'a vue Mamie pour les WC... »; et les fans dans la rue lui demandant des autographes... sans compter les copains à l'école...

Plus bas une image « avant » et « après » pour une gaine à slogan optimiste: « Plus mince en quelques secondes... »

Il est exact qu'entre les deux mamies ventre rond ventre plat y'a pas photo! Qui va le croire? Sans doute pas mal de monde puisque je retrouve depuis dix ans ces mêmes publicités mensongères...

À moins que des enfants crédules (ou taquins)offrent ce miracle pour la fête des mères !

Si on y ajoute les mini-scooters pour faire les courses, avec un petit panier à l'avant, la baignoire à porte (faudra bien lire la notice avant de la vider...) et les ascenseurs-fauteuils particuliers, on voit que les « séniorettes » ont pris large place chez les marchands en tous genres.

Nul ne sait pourquoi, sur ces publicités, il y a plus de femmes en photo que d'hommes (sauf Viagra, obsèques et autres joyeuses peccadilles prenant grand place y compris sur Internet) et, pour les baignoires, toujours une mamie. Seraient-elles plus propres que les papys ou plus attrayantes au sortir du bain ?

Dois-je citer ici les ravalements de... façade ?

Attention le naturel va partir aux archives, l'artificiel et le ravaudage sont en marche et la génération du baby-boom sera sans doute la dernière à présenter un visage d'origine, sans retouches...

Regardez bien les grands-mères 2000, dernier modèle, car bientôt il n'y aura plus de mamies mais seulement des momies...

Quelles seront les réactions des petits-enfants devant la subite transformation, les sourires tordus et regards écarquillés ? J'aimerais bien entendre les commentaires réjouissants et sans ménagement des petits sur la métamorphose !

Autre nouveauté : les publicités style feuilleton. À ce sujet j'ai bien aimé un article de *Libération* (25 avril 1998) qui s'intitule « Mamie en furie ». L'auteur parle de spot télévisé pour un lait, où la famille est autour de la table, sur trois générations. Dialogue du petit-déjeuner : « Dis Grand-Mère, on l'aura quand ton château ? » L'auteur de l'article poursuit : « À voir l'air plus que constipé des parents, on devine la nature des plans : par ici le cimetière, dont ils ont eu l'imprudence de faire état devant l'enfant bavarde, genre : et si on quintuplait sa dose de Prozac, peut-être que pour Noël la vieille plongerait à poil dans les douves du château ? » Où vont-ils chercher tout ça ? Surtout pour une pub sur le lait !

Autre drame conjugal cité dans le même article : « Une jeune femme apparemment dans son premier sommeil décroche le téléphone et, sans hésiter, le tend à son condamné de draps communs en disant : “Ta mère !” C’est sa belle-mère en effet qui, très en forme à cette heure indue, a des questions à poser à son fils sur la programmation de sa machine à laver et sur l’alarme de sa cafetière. » Le spot se termine sur une remarque bien ciblée de la mamie : « J’ai fait venir untel il est ingénieur chez… » Et voilà la marque citée, après un dialogue, mini-série, dont on ignorait jusque-là la chute et l’objectif (sinon faire vendre). Ah, elles ont bon dos les mamies !

Une journaliste à *L’Express* en remet une couche le 19/11/2006 dans un article intitulé « La fureur de vivre » qui passe consciencieusement en revue caravaning, cosmétiques, mobilier adapté et immobilier spécialisé, etc.

Et, au sommet de la créativité marketing, vu le chiffre des consommatrices au-delà de soixante ans, un petit malin (devinez qui ?) leur a concocté une fête spéciale pour compléter les emplettes.

A déboulé alors sur le marché la fête des grands-mères. Après la journée des femmes et la fête des mères, on se demande où sont les hommes ? Oubliés, les gentils papys sinon pour courir à ces dates-là les magasins et offrir un cadeau sous peine de passer pour radin. La petite famille horrifiée : « Papy n’a pas pensé à ta fête ? » À se demander pourquoi ils ne font pas de manif pour revendiquer un jour en leur honneur !

Pour ou contre, la fête a fait parler les spécialistes en tous genres, certains évoquant une nouvelle tradition pour des enfants en manque de références, l’occasion de parler du temps passé, de permettre à l’enfant de s’approprier l’histoire familiale et l’opportunité de témoigner l’affection à sa mamie. Quand on aime on ne compte pas…

J'ai trouvé un sondage réalisé autour de ce jour mémorable, source d'achats de cadeaux comme si les anniversaires, Noël, fête des mères (du coup les mamies ont deux fêtes!) ne suffisaient pas. Que dit-il ce sondage?

Seulement 12,9 % des personnes interrogées trouvent l'idée formidable, 20 % sympathique et 5,8 % sont d'accord. Les autres (une forte majorité) en parlent comme d'un truc inutile ou ringard. Néanmoins vive le 4 mars et beaucoup de mamies qui méritent d'être remerciées. On ne va tout de même pas refuser des cadeaux! À moins qu'il ne s'agisse de « surmontoir pour les WC » ou « crème faisant fondre les cors aux pieds ».

Autre invention mettant à l'honneur les mamies 2000 : que dire de la manifestation récente autour des supermamies où la meilleure remporte un prix?

Libé parle de sa créatrice et des postulantes avec exaltation dans un article du 27 février 2003:

– « Un bagout de communicante, une énergie à faire peur, un souci de soi avéré » tout en dénonçant « la typologie idéale de la senior chouchoutée par le marketing ».

– « Elles sont sur tous les fronts, dans le social, dans l'associatif, et avant tout dans le familial, valeur dont les femmes ne sont pas près de se débarrasser. »

– « Les voici réinventées en pimpantes sexagénaires, facilitatrices de la vie et prescriptrices d'achats. »

La journaliste ajoute quelques réalités historiques:

– « La génération des supermamies a eu une existence de rêve: un conflit mondial vécu dans les langes, les Trente Glorieuses avec l'électroménager en prime, de l'inflation pour accéder à la propriété, une pension garantie, la santé avec la pilule, hormones et lifting. »

La présentation de cette fête sur le net explique: élection de « Miss France » senior (sans critère de mensurations) créé en 1996 pour « récompenser les femmes d'exception extrêmement dynamiques » enthousiastes et pleines de talents au-delà de la soixantaine.

Sa créatrice ajoute que « les superlatifs manquent lorsqu'on rencontre les supermamies ».

En 2001, Supermamie s'est même ouverte à l'Europe et un musicien (?) a composé son hymne dont je ne résiste pas à vous offrir un couplet :

« On a traversé la vie
on s'en est bien sorties
puisqu'on est toutes ici
on a gagné nos galons
de "mamies émotion"
et tellement de chansons.
Nous avons de grands enfants
de beaux petits-enfants
des amours, des amis
et la vie nous a gardées malgré
tous nos soucis, notre vitalité… »

Pas encore au hit-parade… mais on a dû essayer !

Toujours plus fort : je viens d'apprendre que les Suisses ont créé le titre et le concours de Miss troisième âge visant les dames au-delà de 70 ans en maisons de retraite. Optimiste, l'organisme espère bien aller plus loin avec Miss quatrième âge…

Chaque maison de retraite a son casting et ses présélections. Il y a même un fan club. Si tout cela amuse les mamies qui, à ce stade, manquent de distractions, pourquoi pas ?

On les maquille, on les pomponne, elles gagnent des fleurs et des parfums.

L'instigateur du concours est très fier de ses gagnantes qui, dit-il, « parlent de tout sauf de leur âge ».

Il faut savoir aussi qu'il existe une agence de mannequins seniors, une autre pour leur trouver du boulot (senior job) et des sites de rencontre pour que les « séniorettes » en mal d'amour rencontrent ces messieurs.

On les fête, on les achète, on les rafistole, pour leur bien ou pas? À chacune de se situer par-ci par-là et peut-être que peu importe, l'essentiel étant qu'on en parle et qu'elles soient bien présentes dans tous les secteurs.

On appelle cela une « population captive » ou mieux et moins élégant « un marché juteux ».

Mieux vaut en parler en faisant des fêtes que de lancer des appels téléphoniques, du genre: « Vous avez gagné un frigo! »

Les naïves hors d'âge croyant encore au Père Noël apprennent ensuite de la bouche de délicieuses vendeuses aux petits soins qu'il s'agit d'un tirage au sort (c'était écrit en tout petit sur le papier envoyé au préalable) et repartent peut-être avec un minifrigo avec options payantes et sûrement des tas d'ustensiles inutiles et payés au prix fort.

Attention aux soi-disant jeux où « Vous avez gagné trois millions d'euros » est écrit noir sur blanc, en majuscules, sur des envois en masse. Pauvres mamies, parfois du quatrième âge, dont la vue ne permet pas de découvrir en bas du document trois lignes très restrictives: « si vous êtes parmi les gagnantes, si vous retournez le bon document dans la bonne enveloppe »; sans oublier, écrit en plus gros, « vous recevrez votre chèque plus vite, si vous commandez nos produits... »

Quand on les fête, c'est bien, quand on les gruge, les mamies valides devraient descendre dans la rue... car elles méritent mieux.

XV

Précis à l'usage des mamies 2000 : à dire, à éviter

À dire, à éviter, de quoi j'me mêle…

Quand on aime, on encourage, on apprécie les atouts, on aime voir s'animer notre entourage privilégié autour d'un projet, d'une passion.

Chez les enfants, l'essentiel de l'éducation, pour moi, est de valoriser au maximum tout ce qui chez eux est en éveil. Qu'ils soient sportifs ou artistes, heureux les jeunes qui ont des centres d'intérêt, des curiosités ou des passions que leurs parents encouragent. Et pourtant, rien n'empêchera certains papas de préférer voir leur fils s'orienter vers l'université que vers le cirque. On connaît bien la formule « Passe ton bac d'abord » dont certains acteurs se sont bien remis en cumulant (petit) diplôme et cours Florent.

Idem pour les vêtements de teenagers qui « flashent » devant certaines tenues et marques en vogue, alors que leur mère prend bien soin de choisir des habits plus décents à leurs goûts.

Et là je dis : « Attention Mamie ! »

Recette imparable pour faire face : se souvenir des 17 ans de son fils ou de sa fille et de ces mêmes difficultés (de toutes les époques), ou se rappeler sa propre adolescence, les interdits parentaux, les limites impératives et les problèmes que pose la puberté. Je ne dirais surtout pas que c'est la période la plus agréable de la vie mais plutôt le temps où des obstacles imprévus s'accumulent et où les adultes croient bien faire en posant des questions (bêtes) mettant le jeune en difficulté.

Classique après les présentations tonton-neveu et, sans s'adresser à l'intéressé :

– « Mon Dieu qu'il a grandi… je ne l'aurais pas reconnu. »

– « Et tu veux faire quoi plus tard ? »

À savoir que sept ados sur dix n'en ont aucune idée et que, s'ils en ont une, elle n'est pas forcément encouragée, donc tenue secrète. Fini les projets « motard, pompier, infirmière ou institutrice » que personne ne contredisait quand on avait 8 ans et qui attendrissaient les grands. Certains, paraît-il, demandent juste à être « riches et célèbres », tandis que d'autres de 12 ans, suivant péniblement en 4e, voudraient être chirurgiens. Ce dernier objectif fait frémir d'orgueil le père qui, hélas, a aussi le chic pour ajouter : « Avec les notes que tu as, tu rêves ! »

Eh bien oui, à 17 ans, on rêve, et heureusement. On n'a pas envie d'affronter la réalité du chômage et les métiers qui passionnent sont souvent « sans débouchés », ce que papa et maman rappellent chaque fois. La vie casse les rêves, mais à cet âge-là, au sortir d'une enfance protégée, c'est un peu violent.

C'est « trop » comme ils disent…

Lors de cette fameuse question inévitable et universelle, certains sourient en biais, jetant un œil sur papa-maman pour savoir que dire sans se mettre à dos toute la famille et rester néanmoins honnête. « Je ne sais pas, on verra… » D'autres, peut-être plus mûrs, vont répondre « expert-comptable » ou « pilote de jet », ce qui peut, s'ils sont bons en maths, faire bel effet sur l'entourage et donner fierté à son père (qui, entre nous, a eu du mal à décrocher son bac), mais la majorité des « sixteens » panique à l'idée d'un avenir auquel ils préfèrent ne pas penser, tant qu'ils sont à l'abri.

Second problème arrivant sans prévenir, ou si peu : les premiers émois sentimentaux… On se renseigne, on observe les copains, d'autres sont déjà passés à l'acte ou s'en vantent et, quant à papa-maman, dans les meilleurs des cas, ils stressent « un max » en prônant le calme face à un âge où tout bouillonne !

Premiers émois, premier baiser… première déception, et tout cela à gérer avec les études, le passage en seconde et ces vacances encore en famille alors qu'on a tant besoin de liberté…

C'est aussi un âge auquel on se pose mille questions auxquelles personne ne donne la même réponse. Les tabous, les confidences aux copines, les rivalités entre copains, c'est tout un monde qui échappe aux parents, ayant souvent, à cette phase de leur vie, d'autres chats à fouetter…

L'âge aussi des premiers doutes.

Si les petits sont curieux et ravis d'écouter sagement les réponses parentales à toutes leurs questions plus ou moins naïves, les ados commencent à douter, seule façon de grandir en se différenciant, et se documentent à partir des expériences copains-copines, à la télé, dans les magazines et surtout sur Internet, confrontant leur nouveau savoir aux échos des parents. Dur dur de remettre en question l'autorité, la confiance et ce qu'on croyait être la Vérité… Dur dur aussi de s'y retrouver parmi autant d'informations souvent contradictoires.

Et Mamie elle en pense quoi ?

Mamie, elle traverse aussi une sacrée période à laquelle rien non plus ne l'avait préparée, mais pas la même. Si elle peut avoir autant d'enthousiasme, elle a un peu moins d'espoir… sinon en regardant grandir sa postérité.

Prise entre vivacité, authenticité, souvenirs, impulsions des petits-enfants et craintes des parents, elle voudrait bien les encourager à tenter l'ENA ou la traversée de l'Alaska, mais, à ce stade, mieux vaut pour elle marcher sur la pointe des mots.

L'éducation et les conseils font partie des responsabilités parentales, mais il arrive que les petits-enfants se renseignent aussi auprès des moins jeunes, les mettant dans une situation pour le moins délicate.

Ils vont ainsi tester la sincérité, vérifier des informations et peut-être chercher approbation chez Mamie d'un projet peu prisé par papa-maman.

Quand ils sont petits, cela commence par : « C'est vrai Mamie que… ? » Question piège mais les petits sont doués.

Exemple : « C'est vrai Mamie que papa il était toujours premier à l'école ? »

Question rarement posée au-delà de 10 ans (sinon s'inquiéter) à laquelle plusieurs réponses sont possibles. On a le choix :

1 • De mentir pour valoriser le père qui après tout est le fils chéri de Mamie : « Mais oui mon chéri bien sûr »
Tenir compte néanmoins du fait que l'enfant a le regard perçant et ne quitte pas des yeux la mine de sa mamie, pas très fière d'elle… Il faudra peut-être aussi prendre à part le grand fils pour remettre les pendules à l'heure. Être le héros de sa fille, c'est bien ; lui mentir, c'est peu reluisant…

2 • D'éluder la question : « Tiens, tiens, qui t'a dit ça ? »
Mais les enfants fines mouches n'en resteront pas là… ajoutant « C'est papa » (on s'en serait douté), ce qui ne fait pas avancer d'un pouce le dialogue.
Rien n'empêche d'ajouter, finaude : « Et pourquoi ton papa il te mentirait ? », ce qui peut clôturer le débat, l'enfant étant piégé, mais cela n'est ni pédagogique ni très honnête…

Ou : « Je ne me souviens pas très bien » au risque de passer pour candidate-Alzheimer…, ou pire, quand la vérité sera mise au jour, pour une menteuse.

3 • De dire la vérité, quitte à l'édulcorer : « Pas toujours, mas cela arrivait, oui. »
Aux parents de faire face, car l'enfant a de la suite dans les idées et en reste rarement là, Mamie risquant alors un retour de bâton.
Le fils tombé de son piédestal : « Qu'est-ce que tu as dit aux enfants ? » suivi de « De quoi j'ai l'air maintenant ? »

Pas facile d'être mamie.

Plus tard, les questions sont plus fines, on fait des détours, on parle d'une copine « qui s'est fait lâcher par son copain, c'est un sale type, tu penses pas, Mamie ».

Et là, Mamie, mieux vaut qu'elle ne pense à rien… car, à la réponse « oui c'est un salaud », la fille va partir dans sa vie sentimentale sur des bases négatives mettant tous les garçons dans le même sac (processus courant chez les femmes…).

Autre choix de réponse : « Pas forcément, peut-être qu'elle a rêvé… faut voir, un baiser ce n'est pas pour la vie » ; et voilà Mamie susceptible de pousser au vice, surtout si le tout est relaté au repas du soir pour voir les réactions.

Papa à maman : « Bravo, ta mère ! Encourager "ta" fille à se faire embrasser à l'essai. Faut le faire… »

Certaines mamies curieuses vont vouloir en savoir plus sur cette confidence déguisée, mais les filles sont malines. « Faut voir comment ça s'est passé pour ta copine. Elle le connaît depuis longtemps ce garçon ? » et la gamine de se plonger dans sa pizza pour marmonner un inintelligible propos et surtout parler d'autre chose.

À éviter : « Tu sais que tu peux tout me dire… », phrase piège car si les ados ont la faiblesse de le croire, la mamie risque de gros problèmes avec les parents lors de transmission de certains secrets du genre « J'ai fumé un joint, c'est pas mal » ou « Hier j'ai pas dormi chez Samantha mais j'étais en disco… » ; avec, pour suivre, le super-piège : « Tu ne le diras pas à maman… », accompagné d'une mimique attendrissante… à faire mentir le pape.

Bien que faisant écho pour certaines à leur jeunesse débridée, ces confidences n'obligent pas Mamie à répondre par la vérité : « Moi aussi mon petit, j'ai fait ça et je ne m'en porte pas plus mal… » Mieux vaudra alors prévoir le gilet pare-balles lors du prochain déjeuner familial.

Quant à « Faudra pas recommencer… » ou « Tu sais que ce n'est pas bon du tout », à éviter si l'on ne souhaite pas être rangée parmi les ringardes devant qui on observera désormais le plus grand mutisme ; à pratiquer si on ne veut plus avoir d'autres confidences.

On peut aussi se demander quelle serait la réponse parentale et s'aligner, ou mieux, répondre par une question : « Et alors, tu comptes recommencer ? » ou, fine mouche, « Pourquoi tu me dis ça à moi ? » Suit un dialogue pédagogique de troisième niveau de psychanalyse, terrain glissant où il faut assurer et assumer.

Bref, si l'on dit que l'autorité est le rôle des parents, comment se situer quand on est confrontée à certaines découvertes, dont papa-maman n'ont aucune idée ? Dur dur d'être mamie… sans cafter. Donc mieux vaut éviter la phrase « Tu sais que tu peux tout me dire », qui, dans la plupart des cas, fait passer définitivement la mamie pour une hypocrite, engendre des conflits intergénérationnels et va rarement dans le sens du bien-être du jeune.

Je ne connais que deux formules imparables et affectueuses pour aider les jeunes à passer le cap enfance-adolescence : des plaisirs partagés et une écoute attentive sans conseils, en donnant peut-être quelques infos supplémentaires pour éclairer et renvoyer aux enfants la question. Cela pour qu'ils trouvent leur réponse, celle qui conviendra à leur bien-être.

Il est bien difficile d'assumer le rôle de « coach » vers l'état d'adulte.

Et les mamies aimeraient parfois aussi être guidées, écoutées, avoir un repère… pour avancer vers une autre étape bien difficile, mais chut, cela ne regarde qu'elles et leurs congénères…

Autres erreurs à éviter côté mamies :

- aller chercher à l'école au-delà de 13 ans… sauf si super-voiture cabriolet, ou mieux, 4x4 ;
- appeler l'ado « mon bébé »… ;
- parler fort au cinéma, surtout pendant les pubs ;
- s'habiller gamine ou… ringarde. À voir comment faire avec cette alternative. Jupe longue mais haut noir, des anneaux d'oreilles mais discrets ;
- possible : un tailleur-pantalon strict avec un collier repéré sur une animatrice télé en vogue ménagera la fantaisie qui plaît aux jeunes et la sobriété appréciée des copains seniors ;
- à proscrire : porter des vêtements fluo ou des cheveux rouges ;
- acheter aux ados des marques complètement « out », alors que la copine du lycée arbore des baskets « géniales »… comme le dernier chanteur de la *Star Ac'* ;
- etc.

Pour parfaire ce chapitre et améliorer les relations familiales, je signale à l'entourage immédiat les erreurs à éviter par rapport à Mamie :

- « À ton âge ! »
- « Tu crois que c'est bien raisonnable… »
- « Et le docteur il dit quoi ? »
- « Vous n'y pensez pas Mamie ? »
- « Tu devrais te reposer… »
- « C'est mauvais pour le cholestérol »,

tant que Mamie fonctionne bien de la tête, des jambes et bien sûr côté cœur.

XVI

D'autres mamies pas ordinaires

La révolution continue, depuis un demi-siècle les phénomènes de société se multiplient, les modes de vie et les comportements aussi, accélérant le mouvement côté familles. Les femmes ont acquis l'égalité des droits, des responsabilités et les mamies ont pour rôle de maintenir, entretenir et transmettre à filles et petites-filles ces précieux avantages tout en prenant soin d'elles, et en gérant souvent seules leur temps libre et leur avenir au mieux.

La valeur famille, longtemps intouchable, a tremblé sur son piédestal et perdu des points. On réfléchit à d'autres formules ; les conseillers conjugaux, psychologues, juristes et médiateurs en tous genres ont du mal à faire face à la liberté d'être et à ses délires.

Certains intellectuels et chercheurs de pointe en sociologie ont osé dire que cette institution n'était pas forcément le lieu idéal d'épanouissement, d'autres dénoncent les violences dans les couples et les divorces se multiplient.

Doit-on être optimiste ou pessimiste pour les futures mamies qui pour le moment, vivent leur enfance ?

De plus en plus de seniors confrontés à devoir se regarder, au mieux en chiens de faïence, durant plusieurs décennies vu la longévité des personnes et donc du couple, renoncent au duo, au bord de la retraite…

Divorcés à 65, 70 ans, ils ne renoncent pas pour autant à l'amour, et l'on voit de nouvelles unions s'instaurer au-delà de ces âges…

Vaut-il mieux regarder papy-mamy se disputer, se faire la tête, guerre ouverte ou guerre froide, ou les voir plus épanouis, chacun chez soi, l'un après l'autre ?

Dans les faits divers, j'ai trouvé quelques « perles » qui auraient fait hurler ma bonne-maman et bien d'autres actuellement sous terre…

Peu reluisant mais anecdotique, j'ai appris qu'une grand-mère de 66 ans a été condamnée pour avoir téléchargé 2 889 fichiers audio, tandis qu'une autre aurait mis sur le marché une recette au cannabis, dite antistress !

Sur un site réservé aux seniors, j'ai trouvé « le dico de l'amour et des pratiques sexuelles… » comme si certain(e)s avaient encore des choses à apprendre…

Original : un site intitulé « Grands-parents virtuels » où des anciens aident les jeunes dans leurs recherches sur le web, animent des forums intergénérations, diffusent des tranches de leur vie avec commentaires des ados, proposent des projets coopératifs via Internet… Le tout encadré par… l'archevêque de Montréal !

On n'arrête pas le progrès, et les mamies sont, avec ou sans appui de l'Église, de plus en plus créatives.

Familles recomposées, décomposées… 80 % des divorces étant, depuis les années quatre-vingt, demandées par les femmes, on ne compte plus le nombre de papys que certains enfants voient défiler chez Mamie avec plus ou moins de bonheur.

Si celle-ci s'est mariée deux ou trois fois (ou compagnonnages officiels), les petits peuvent avoir trois papys (ou/et mamies si c'est grand-père qui accumule les couples).

Je ne sais si ces mamies-là sont citées et nommées « décomposées ou recomposées » mais, vu l'évolution annoncée, il va falloir s'y faire…

Si ces perspectives bien gérées peuvent être une avancée et même une performance quand tout cela se passe sans haine ni trop de larmes, on ne peut pas dire qu'elles simplifient la vie familiale.

Et se pose une nouvelle question : comment appeler la seconde mamie ?

Référons-nous aux people, qui ne font pas que dans l'apparence ni l'idéal mais reflètent, dans les médias, ce qui se passe ailleurs sans tambours ni trompettes.

Le fils de Johnny qui a l'âge de sa belle-mère, a des enfants qui fréquentent aussi bien Sylvie que Lætitia, épouses successives du papy… Sont-elles toutes deux des mamies pour autant ?

Si on a pris l'habitude de parler de sa « belle-mère », seconde épouse du père, ce qui, d'ailleurs, prête à confusion par rapport à la mère de l'époux (d'où le nom disparu de marâtre dans les contes), personne n'a encore trouvé d'appellation pour l'épouse du grand-père remarié. Va-t-on parler de belle-mamie et de beau-papy ?

L'histoire est en route. D'après les chiffres, l'allongement de la vie et la belle santé des seniors, Cupidon a du boulot…

Fini l'époque de ma petite enfance où les veuves éplorées devaient le rester… et les rares divorcées traîner leur sort d'épouses parfaites abandonnées sous des regards plus ou moins compatissants.

La littérature confirme que ce destin de veuves rarement joyeuses a eu la vie dure durant plusieurs siècles.

Autre nouveauté, que je retrouve de-ci de-là, pour celles qui l'officialisent ou le confient à leurs proches : « Mamie a une copine » ou « On a fêté le Pacs de Mamie ».

Les enfants ont les yeux grand ouverts et la télé leur apprend souvent ce que les parents voudraient taire et, quand ceux-ci annoncent, avec gêne et hésitation que « Mamie va venir dimanche avec une amie », il y a longtemps que les petits ont remarqué un seul grand lit pour deux chez leur grand-mère et ils ajoutent sans détour : « Quand est-ce qu'elles vont se pacser ? »

Et on dit qu'il y aurait même des mamies dans les Gaysprides…

XVII

Et Papy ?

Sans papy, il n'y aurait pas eu papa-maman, et donc pas de petits-enfants. La petite graine, c'est d'abord lui…

En littérature, nous avons un très célèbre gentil-barbu-grand-paternel qui avait tout pour laisser une belle image : le bon Victor !

Très atteint dans sa vie familiale, puisque ayant perdu une fille en pleine jeunesse, drame dont il ne se remettra pas, même si cela ne lui a pas ôté sa verve épistolaire, Victor Hugo a écrit notamment le fameux *L'art d'être grand-père* que j'ai consulté sans y trouver vraiment de recette pour être un parfait papy, mais beaucoup de vers émouvants sur ses relations avec ses petits-enfants.

Bravo à lui car il faut bien avouer que ni George Sand ni la comtesse Rostopchine ne nous ont laissé de recette sur « l'art d'être grand-mère ».

Que dit ce long recueil de poème publié en 1877 ? J'ai essayé d'en lire quelques pages : on y parle de Jeanne, l'enfant chérie, dans des termes aussi tendres que romantiques. J'aime surtout les lignes intitulées : « La sieste où les parents regardent dormir le bébé » et « Le poème du jardin des plantes » racontant la balade de Jeanne avec sa bonne auprès des animaux, dans un lieu où l'on peut toujours amener les enfants à Paris.

J'ai bien aimé aussi « À Georges » sur la ménagerie, récit très amusant, en langage plus ou moins enfantin à la portée de tous.

Avec lui, on remonte le temps et on découvre, chez cet homme multiple ayant accumulé les révoltes politiques et... les femmes, un grand-père attendrissant.

Quoi de plus joli qu'un papy promenant son petit-fils, lui expliquant le vol des hirondelles ou la course des canetons à la nage derrière maman canne. J'ai dans mon album de jolies photos des papys attentifs avec mes enfants petits. Nos grands-pères s'intéressaient rarement aux langes et aux biberons mais prenaient sérieusement en main, dans les deux sens du terme, l'enfant grandissant avec qui l'on peut marcher en ville ou à la campagne, expliquer la nature, répondre aux questions et expliquer le foot ou le moteur automobile.

Les papys d'aujourd'hui continuent ce rapport de tendresse et de complicité avec encore plus de ferveur puisque ayant souvent assisté aux naissances de leur progéniture. Comme les mamies, ils ont bouleversé leur rapport aux petits et cela même avec les bébés, y compris pendant la gestation, contrairement à leurs ancêtres mâles qui pour la plupart s'en désintéressaient, laissant couches et biberons aux mamans, bonnes et grands-mères. Maintenant ce sont eux qui souvent racontent les histoires, entraînent les petits au sport, en vélo, à la pétanque, au ping-pong et à des activités plus sportives quand eux-mêmes y excellent.

Puis arrive un moment où, devenus plus grands, les petits-enfants changent de partenaire et, pour ne point fatiguer grand-père, se réjouissent de battre leur père au tennis.

Il y a même des papys qui naviguent... Le rêve! Ils emmènent les enfants loin, découvrir d'autres eaux et d'autres pays.

J'ai rencontré aussi des papys merveilleux cuisiniers, faisant des concours de barbecue avec leur fils, tandis que les petits ramassent le bois, soufflent sur les braises et ont parfois le droit de poser les côtelettes sur le gril. Les papys ont changé, on dirait qu'ils s'attendrissent, qu'ils s'intéressent beaucoup plus à leurs petits-enfants qu'à leurs propres bébés autrefois. L'évolution les concerne et voir leurs fils au chevet de la future mère en train d'accoucher, voilà qui les épate et les font réfléchir sur la nouvelle condition du mâle… et sa capacité à ne plus s'évanouir dès l'entrée à la maternité.

Ce n'est plus une preuve de faiblesse que de changer ou de bercer un nouveau-né, c'est une nouvelle force que les sexagénaires découvrent avec les petits et quelquefois avec leur propre bébé qu'ils fabriquent sur le tard…

Et, quand les petits-enfants vont voir « le bébé de Papy », on se demande comment nommer ce grand-oncle suçant son pouce, un frère de petit-lait, de second lit, un demi-petit frère ? Qu'importe, surtout si Mamie n'est pas fâchée et que tout le monde entoure le berceau.

Mais qu'en est-il des autres papys en littérature ? À part Victor Hugo, les romanciers ou poètes ont oublié de les célébrer. Pour ma part et pour ceux ayant l'âge d'être grands-pères, je ne me souviens que de l'ogre au méchant rictus et à la grande bouche et de la barbe du terrible général Dourakine.

Heureusement, il y a le Père Noël et saint Nicolas (Santa Klaus) pour nous offrir un aspect plus généreux et débonnaire. Mais étaient-ils grands-pères ? Personne ne le dit. Pas plus pour le capitaine Hadock que ma génération a bien aimé.

Sur Internet, nouvelle bibliothèque bien fournie, j'ai trouvé sous le nom de papy d'étranges choses : Cyberpapy, un site de soutien scolaire, Papy Logo ; outil pédagogique, et une tonne de citations de *Papy fait de la résistance*, film se passant durant la guerre qui a fait rire et sourire plusieurs générations.

Il y a aussi « Les mots croisés de mon Papy Jo » et « Papy-vidéo », un spectacle d'improvisation théâtrale sous la direction artistique de « Papy » dont rien ne dit le véritable nom…

Bien pauvre le net sur le compte de Papy à côté des multiples sites pour mamies…

Que faisait Papy pendant que son épouse ramassait les plantes en campagne ou mijotait longuement des sauces et des daubes ?

Rien pour les confitures, peu de choses dans la pub hors le Viagra® et les ronflements qui lui sont réservés, et pas plus de grand-père que de grand-mère au théâtre sinon de vieux « barbons », style l'Avare ou le tuteur de la pauvre Rosine dans *Le barbier de Séville.*

Réveillez-vous les papys ! Aznavour, Salvador et quelques autres vous ouvrent la route. Qu'importe les aléas de prostates ou de pannes sur l'oreiller… les mamies vous aiment quand même.

XVIII

Mamie gaga, Mamie s'en va

Les mamies de l'an 2000 gardent longtemps leur forme puis ralentissent le pas et, dans les meilleurs cas, s'éteignent doucement, comme une flamme qui vacille.

Ce siècle a la chance de voir les grands et les petits-enfants accompagner des parents et des grands-parents qui assument leur quotidien, en solo ou en duo, très longtemps dans la vie.

On trouve à présent parfaitement normal d'amener Mamie faire de la voile si elle aime ça et Papy des randos en montagne. Inimaginable avec mes propres grands-mères qui regardaient de loin les petits jouer à la marelle, attendant, en préparant doucement un repas consistant, que la marmaille et les parents reviennent d'un tour en mer.

Soixante-dix ans valides étaient une performance pour la grande majorité des anciens que l'on ne nommait pas encore seniors.

Aujourd'hui, ils arrivent gaiement à prendre vingt ans de plus sans trop de problèmes et il faut parfois les malmener pour qu'ils consentent à se faire aider régulièrement dans leur vie quotidienne. Heureux ceux et celles qui restent à leur domicile, avec leurs repères, des chambres pour héberger la petite famille, et la force, jusqu'à la fin, de rire avec eux.

Triste pour les enfants et petits-enfants de voir les grands-parents « baisser » comme la lumière en fin de journée. Mais n'oublions pas que les grands-parents des mamies d'aujourd'hui étaient pour la plupart « durs d'oreille » et appuyés sur une canne pour marcher à leur rythme.

Il faudrait préparer non seulement les seniors mais aussi toute la famille à voir Mamie s'échapper peu à peu de la vie, ralentir le temps, avoir moins faim et se coucher plus tôt. Ce n'est pas une maladie, c'est l'usure d'un organisme qui a beaucoup servi et bien servi côté corps et cœur.

Comme on élève un bébé, en surveillant sa progression, il faudrait veiller tendrement sur le déclin des mamies. Les enfants grands et aimants savent le faire, les petits ont parfois plus de mal.

Comment accepter à 10 ans de voir Mamie pimpante l'hiver et l'été souvent endormie sur son fauteuil ?

Et quand certains seniors perdent la mémoire de façon signifiante, que leur tête s'endort peu à peu, il faudrait savoir les aimer toujours… autrement. Dur dur pour les petits et raison de plus pour les mamies de laisser trace du meilleur tant qu'on a la santé.

Heureusement que les seniors ont le bon goût de perdre, pour certains, leurs forces et leur esprit face à des petits-enfants presque ou déjà adultes, capables de comprendre. Ainsi va la vie, davantage de mamies âgées et de mamies en voie d'extinction, avec des d'enfants assez grands pour n'avoir plus besoin d'accompagnement grand-parental pour entrer dans la phase adulte.

J'avais 12 ans au décès d'une mamie, 16 ans pour l'autre, je ne les connaissais presque pas tellement la distance géographique et pédagogique était grande. Merci à elles d'être parties, très tard pour l'époque (à 87 ans), avant une déchéance difficile à vivre pour tous.

Maintenant, les mamies s'en vont quand elles ont vécu le meilleur avec les petits-enfants et quand leurs fils et filles ont fini de procréer, laissant surtout de doux et joyeux souvenirs des premiers temps des juniors et des derniers temps des seniors…

XIX

Belles traces…

Quand j'étais petite…

Quand mes tout-petits-enfants m'ont posé des questions sur mon passé, j'ai soudain constaté que mes parents et grands-parents ne m'avaient pas dit grand-chose de leur vie, ou que je n'avais pas voulu entendre. Mon manque de curiosité à leur encontre fait que j'ignore tout ou presque tout de l'enfance de ceux qui m'ont aimée et précédée en famille. Il manque énormément de chaînons dans ma trame familiale et les échos des uns et des autres, dans ma génération, donnent rarement les mêmes éléments de réponse. Cousins, oncles, frères ont entendu des récits différents, ont perçu des émotions contrastées, ont vécu avec les anciens des étapes si différenciées qu'il m'est difficile de reconstituer le puzzle.

Et pourtant, je suis certaine que j'ai en moi des échos, non seulement théoriques à travers les livres de classe, échos très forts quand on est né avec le Front populaire et la montée de plusieurs fascismes, mais aussi de ce qu'ont vécu, avant ou après ma naissance, les gens que j'ai côtoyés au plus près. Tout petit, avant même de parler, on est présent, on entend les adultes parler du passé, leurs dialogues et leurs anecdotes sans compter les crises qui marquent forcément de leur empreinte la mémoire des enfants qui sont témoins.

Cette réflexion et l'exemple d'une amie écrivant pour son premier petit-fils m'ont amenée à chercher les souvenirs de mes premières années. Au départ, il me semblait avoir tout oublié ou n'avoir de mémoire qu'à partir de l'âge de 11 ans. Puis, laissant divaguer mes neurones autour de ces années-là, peu à peu des bribes sont arrivées, comme un fil d'Ariane que l'on tire et une anecdote en a entraîné une autre…

Comme j'aurais aimé trouver des écrits personnels de mes ancêtres, j'ai beaucoup travaillé ce passé, non par curiosité malsaine mais pour trouver racines et sens à ma vie. Mes parents et leurs aïeux ont certainement vécu des choses difficiles ou délicates qui resteront taboues ou définitivement tues mais aussi des heures de joies et d'amour qui ont été transmises par bribes et qu'il m'est bon de reconstituer.

Pour moi, pour eux, j'ai pris le temps de laisser défiler la petite histoire de mon enfance, de mon adolescence… Mes grands-parents, que mes petits-enfants n'ont pas connus, y sont présents de-ci de-là, mes parents, qu'ils n'ont pas vus mais dont leur père leur parle parfois, ont leur place dans ce récit. Qu'importe qu'ils le lisent maintenant, plus tard, au hasard du tri d'une valise ou dans un grenier, il me semble honnête de les tenir au courant de la trame qui avant leur naissance existait déjà et dont ils sont la finition provisoire à transmettre plus loin, comme une trace qu'ils poursuivront en vivant à leur manière et peut être en écrivant la suite…

Je vous livre quelques lignes, à titre d'exemple de ce que tout un chacun peut réaliser. De tels récits retranscrits ne peuvent faire que du bien…

À noter que ma « bonne-maman » est née aux alentours de 1880.

« Le vendredi arrivait la diligence… »

Quand je pense à Bonne-Maman, cette phrase m'arrive en tête…

En prononçant ces mots magiques pour moi, elle semblait rêver, le regard un peu absent, perdu dans le passé et, autour d'elle, nous savions que ses souvenirs étaient en marche. Nous l'écoutions sagement et je m'en souviens comme si c'était hier…

Sans bien comprendre, le terme « diligence » et ce qui suivait me faisaient rêver. Pour ces termes désuets mais aussi pour l'entrain que ma grand-mère y mettait, comme une jolie chanson, un souvenir joyeux, le plus gai de son enfance, peut être…

Je me rappelle aussi l'avoir entendu parler de la « malle-poste », mot que je viens juste de retrouver dans mon dictionnaire. En l'écoutant, j'ajoutais des images : la place du village, un galop de chevaux au loin, les enfants sortant de partout, des jeunes filles attendant leur fiancé et leur mère courant derrière… Bonne-Maman nous expliquait que ce moyen de transport collectif, tiré par des chevaux et précédant l'autobus et le train pour les villages éloignés, n'arrivait qu'un jour par semaine, presque toujours à la même heure.

Les souvenirs de mes grands-parents m'arrivent par bribes, de-ci de-là, de ma mémoire ou de celles de mes cousins. Mais peu de choses en somme…

Mes parents ? Un peu plus de souvenirs peut être.

Mais que reste-t-il de leur enfance de campagne et de ville ? Que fut leur adolescence ? Quelle école ? Quels amis ? Quelles réjouissances ?

J'ai grandi, j'ai aimé, élevé des enfants, fait ma vie « de briques et de breloques »… Aux réunions de famille, une fois par an, le jour anniversaire de l'autre grand-mère, côté père, j'entendais mes parents, leurs frères, sœurs et leurs cousins évoquer souvent joyeusement après un bon repas leur jeunesse commune, mais qu'en avais-je à faire ?

J'aimais les entendre rire à l'évocation d'évènements amusants ou d'anecdotes mettant en scène des personnages marquants, mais tout cela me semblait Moyen Âge, comme un temps où je n'étais pas conviée…

La vie avance, on grandit tandis que d'autres vieillissent sans qu'on s'en aperçoive, les traces s'effacent et, plus tard, quand les heures s'apaisent et qu'on a le temps de penser, on aimerait bien savoir comment les anciens avaient abordé ce temps délicat de l'après-jeunesse. On aimerait questionner, parler d'eux avec leurs amis, savoir qui étaient vraiment ceux qui ont accompagné, façonné notre enfance et adolescence. On remonte le temps pour constater que tout s'effrite et s'estompe, puis on apprend qu'il en reste un, isolé dans une maison de retraite depuis qu'il ne peut plus vivre seul chez lui…

On hésite puis on renonce à retrouver celui, celle dont on préfère garder une image vivante et lucide.

Certains ont peut-être plus de chance que moi. Ont-ils écouté davantage ou leurs parents étaient-ils plus loquaces ?

Les miens ont vécu deux guerres, périodes qu'ils évoquaient très peu, et l'entre-deux dont ils parlaient un peu plus avec des photos que j'ai toujours bien aimé regarder : séances de théâtre amateur, vacances dans les Alpes, près de lacs où j'aime penser que, vu les dates, c'est là que j'ai été conçue, puis campagne-famille élargie ; là, j'ai grandi, eux ont un peu vieilli, me voilà petite fille de 4 ans peut être, sur les genoux de mon père et sur d'autres images où j'ignore qui est près de moi et semble si bien me connaître. Plus personne à qui demander qui est qui sur ces photos pâlies…

Ils ne sont plus là, et vient vite le temps d'être grand-mère, avec les belles journées de papotage avec mes petits-enfants, avant que l'école ne les « formate » en les plongeant trop tôt vers les obligations au détriment de l'insouciance.

Je ne sais plus si j'abordais la première avec mes petits enfants, l'enfance de leur père (mon fils) où si ce sont eux qui posaient des questions auxquelles je me plaisais à répondre. On sortait les photos du fond d'une armoire où elles dormaient depuis que mes petits étaient devenus grands. Des carrés de carton, dentelés sur les bords, noirs et blancs, puis couleurs, inondaient vite le tapis et c'est à qui se saisissaient de l'une et de l'autre en criant « C'est qui ça ? » ou « Et ça, c'est où ? », et de rire en reconnaissant difficilement le père dans l'enfant déguisé un jour de carnaval ou l'ado chevelu et décoiffé faisant le pitre devant mon appareil photo…

Puis, peu à peu, les petits entrent dans le monde des grands, ont leurs soucis et leurs secrets d'ado et doivent déjà faire face à un avenir qui s'annonce peu clément. Ils posent moins de questions et ce sont les grands, souvent inquiets, qui leur en posent… Ils vivront leur vie d'adulte, mèneront leur barque à leur façon auront des joies, des peines et peut-être m'oublieront, jusqu'au jour où…

Jusqu'au jour où tous devront aborder la fin du temps des parents, c'est écrit, et viennentt le temps du souvenir, les heures creuses où l'on tente de réveiller les bons moments passés à leurs côtés et de s'apercevoir que de ceux qu'on a aimés on ne sait pas grand-chose… La roue tourne.

Les parents, nous commençons à les prendre en compte vers 13 ou 14 ans, au temps de l'opposition et des rébellions pour beaucoup, où père et mère doivent se situer face aux plus jeunes sous un regard presque adulte. Avant, ce sont, dans les meilleurs des cas, des approbations, des sourires, des câlins et quelques mises au point de dérives et caprices enfantins.

Le temps des interdits et des discussions sans fin sont les premiers chapitres où se profilent les caractères. Mais c'est aussi le temps où l'on « ringardise » les parents pour grandir.

Toutefois, bien avant nos 15 ans, où soudain enfants découvrent leurs parents, témoins, complices ou opposants, nos parents ont vécu quelques trentaines ou quarantaines d'années, dont nous ignorons tout ou presque.

Combien d'adultes savent où et comment leurs parents se sont rencontrés ? Combien d'entre nous savent dans quel cadre, à quel moment de crise personnelle ou de grand bonheur ils ont été conçus ?

Souvent, au bord de l'âge mûr, beaucoup de quadragénaires cherchent à savoir, questionnent à tâtons. Les amis des parents sont amnésiques ou discrets… Parfois il y a des lettres que nous n'osons ouvrir, peur de violer des secrets ou de découvrir des faces cachées… Je n'ai toujours pas ouvert la malle aux souvenirs.

Il eut été tellement plus honnête et vibrant de les écouter parler d'eux, de les inciter à nous raconter leur enfance et la suite jusqu'à notre arrivée…

La transmission du patrimoine n'est pas que d'argent, de bâtisses ou d'actions, elle est aussi traces de nos géniteurs et doit donner sens à la vie des enfants même s'ils bifurquent ou s'égarent et que leur chemin n'a rien à voir avec le nôtre…

Se souvenir et écrire le meilleur de notre vie permet aussi de « bien vieillir » en sachant que notre parcours a connu des ornières mais aussi des clairières. Et à quoi servirait de ressasser le pire ?

Mon travail actuel de guide-mémoire avec les papys et les mamies leur fait découvrir des fleurs sur des sentiers qu'ils croyaient stériles ou pénibles…

Pour l'avoir fait moi-même, je peux témoigner l'importance et la joie de remonter le temps sur un fil doré, bien droit ou sinueux… Je peux témoigner aussi que, lorsqu'on a trouvé la première anecdote, les autres suivent… Apprenons à mettre la pédale douce sur les erreurs, les difficultés, et les peines qui marquent les familles et à retrouver le beau et le bon du passé. Pas seulement pour parler de nous mais aussi pour comprendre les liens entre souvenirs enfantins et l'histoire qu'on apprend dans les livres d'école.

Actuellement les lycées font état d'une époque dont les témoins sont toujours vivants. Les jeunes ont la chance d'avoir près d'eux ceux qui ont vécu la dernière guerre mondiale, apprise dans les livres, ainsi que des épisodes plus réjouissants.

Quoi de mieux pour eux que de savoir comment leurs grands-parents ont vécu des chapitres un peu secs à la lecture ? Lier la « théorie » et les leçons parfois fastidieuses au vécu me semble une excellente façon de retenir l'histoire, les histoires et l'Histoire…

Alors ? À vos plumes…

XX

Des chiffres et des textes

L'espérance de vie a presque doublé au cours du XXe siècle :

- en 1810, 37 ans… ce qui explique le fait qu'on parlait peu des grands-mères jusque-là ;
- en 1900, 45 ans ;
- en 2000, 80 ans et 7 millions de mamies !

12,6 millions de grands-parents et 2 millions d'arrière-grands-parents dont 7 sur 10 sont des femmes…

- À 56 ans une personne sur deux est « grand-parent », 50 ans pour les femmes et, en moyenne, les mamies ont 4 petits-enfants…
- La moitié des personnes ayant 55 ans et plus ont encore leur mère.
- En 2020, 40 % des Français auront plus de 45 ans, 1/3 plus de 60 ans.

Les femmes battent des records de longévité : 64 % vont au-delà de 74 ans.

Ensuite il y a 191 femmes pour 100 hommes, surtout en France. Qu'on se le dise, pour les adeptes inconditionnels du couple, va falloir se les partager !

(source www.senioragency.fr)

Sondage sur 1 696 femmes de tous âges (www.intergeneration.com) en 2006 :
- 68 % sont « branchées » (en prise avec la vie en plénitude) ;
- 90 % sont très actives dans leur vie quotidienne ;
- 77 % se sentent entourées dans leur vie affective.

Pour rester en forme :
- 85 % privilégient la bonne humeur et le sourire ;
- 8 % fréquentent les salles de sport ;
- 8 % investissent dans les soins et chirurgie esthétique.

Rôle auprès des petits-enfants :
- 34 % le considèrent comme une complicité de tous les instants ;
- 32 % se rendent toujours disponibles pour s'occuper d'eux ;
- 22 % jugent le rôle comme une expérience de bon conseil ;
- 12 % y voient un rôle de médiatrice entre les petits-enfants et leurs parents ;
- 47 % parlent de « gâter, réconforter et cajoler » ;
- 37 % citent l'importance de transmettre ses secrets, une expérience et des valeurs ;
- pour 92 % d'entre elles, leur rôle n'a rien à voir avec celui de leurs grands-mères.

Le Figaro (21/01/2006) : *« Une bonne révolution ne semble pas effrayer 31 % d'entre elles (les ménagères de plus de 50 ans) souhaitent des réformes radicales pour notre société. »*

Enquête *Pleine Vie* (janvier 2007) : Les sexagénaires laissent « le rocking-chair, les charentaises et le Club du 3e âge à… leurs parents. 15 % des femmes et 17 % des hommes travaillent jusqu'à 64 ans ».

Quant aux autres, leur agenda est presque aussi fourni que celui du Premier ministre.

« Désormais les sexa renvoient l'image d'une deuxième jeunesse. Sans enfant à charge, entourés d'amis, curieux du monde, ouverts aux nouvelles technologies, plus tolérants, ils ont de réelles ambitions familiales, sociales, artistiques, le désir permanent de se réaliser et partagent des points communs avec les jeunes générations. »

L'Express (7 mars 2005) : « Tout recommence à 50 ans. La vieillesse ? Très peu pour eux. Les enfants du baby-boom n'aspirent pas à une retraite paisible. Pour de nombreux quinqua au contraire, c'est l'âge d'entamer une deuxième vie adulte. Et de tenter – pourquoi pas – une nouvelle aventure personnelle ou professionnelle. Pour le plaisir. »

Extrait qui confirme le fossé de générations entre les grands-parents des « baby-boomers » et eux-mêmes.

Et en Europe ?

- D'après un sondage IFOP (mars 2002), c'est en Suède qu'il y aurait les grands-mères les plus jeunes : 14 % ont entre 35 et 49 ans. L'Espagne détient le record des plus âgées, où 60 % d'entre elles dépassent 65 ans.
- 47 % des grands-mères d'Europe estiment que leur rôle consiste surtout à partager les joies et les peines de leurs petits, les Suédoises (toujours elles…) étant les plus enthousiastes en ce domaine.
- Pour la communication, ce sont les Grecques qui arrivent les premières pour dialoguer par Internet avec leurs petits-enfants.

Je ne peux que conseiller de lire un article, émanant encore du Québec, *a priori* plus documenté que la France sur les seniors, concernant l'amour à 60,70,80,90 ans (www.cec-formation.net/sexualitemontreal.htm) dont je cite : « De nombreuses têtes grises, blanches ou coquettement colorées, revendiquent de plus en plus le droit à la bagatelle. »

Selon une enquête publiée par l'INED en 1998, « la vie sexuelle commence désormais tôt et se prolonge tard c'est-à-dire bien au-delà de la ménopause des femmes ».

Sources : Fête des grands-mères 2006 (www.aufeminin.com)

Bibliographie

– Robert Rochefort, *Vive le papyboom*, Éditions de poche Odile Jacob.
– « Babyboomers, une génération inoxydable », *Le Point*, 3 octobre 2003.
– INSEE, n° 776, mai 2001 et INSEE première.
– INED, « France 2004 : l'espérance de vie franchit le seuil de 80 ans », *Population et sociétés*, n° 410.

– www.mabastide.fr/article/divers/fete-grand-mere.html
– CREDOC : www.credoc.fr
– Sites www.opladis.fr, www.senioractu.com, www.aufeminin.com
– www.lematin.ch
– Site www.egpe.org : École des grands-parents européens EGPE, organisme fort intéressant organisant des sessions de formation, conférences, solidarité, soutiens, etc. partout en France et dans les pays francophones.
– http:/monsite.orange.fr/memoiresvivantes

À propos de l'auteur

Odile Lamourère, auteur de plusieurs ouvrages sur les relations hommes-femmes, a vécu intensément la période charnière des dernières années du XXe siècle. Partie prenante de l'évolution des femmes en son temps, sans pour autant renier l'amour et les hommes, son objectif est, dans tous ses livres, de réconcilier évolution et bien-être, révolution et réconciliations.

Élevée dans la tradition, longtemps mariée, divorcée et mère de deux enfants, Odile Lamourère apprécie les souvenirs intenses des années sixties qui l'ont aussi construite. Devenue mamie, elle pense à ses grands-mères qui doivent se retourner dans leur tombe en regardant vivre les drôles de dames sexagénaires actuelles. Bien présentes à la vie, ouvertes sur le monde et ses joies, celles-ci découvrent l'art difficile d'être des femmes actives, grandes voyageuses, adeptes autant de Bruel que de Diam's, de l'écriture et d'Internet…

L'auteur est mamie, à ce jour, d'une jeune fille de 17 ans et d'un garçon de 15 ans qui l'aident à rire, à aimer et à garder jeunesse en tête.

C'est ce chemin, que d'autres femmes ont parcouru aussi, qu'elle souhaite faire partager en décrivant avec humour le cursus et le rôle passionnant et pas toujours aisé que les bébés des années cinquante doivent maintenant assumer et transmettre.

Odile Lamourère accompagne actuellement les seniors pour retrouver belles traces en mémoire et écrire les meilleurs moments de leur vie.

Elle a déjà publié :
Pourquoi les hommes ne nous font plus la cour ?, Éd. de l'Homme, 2007.
Célibataire aujourd'hui, Éd. de l'Homme, 2007.
Quand les femmes aimeront les hommes…, Éd. de l'Homme, 2005.
De l'art d'être la maîtresse ou l'épouse d'un mari volage, Albin Michel, 1994.
Le Savoir aimer, Hachette, 1993.
Nous, les célibataires, Hachette, 1991.
Développer et enrichir ses relations, Éllebore.

Achevé d'imprimer sur rotative par l'Imprimerie Darantiere à Dijon-Quetigny
en septembre 2007 - Dépôt légal : octobre 2007 - N° d'impression : 27-1463

Imprimé en France

IMPRIM'VERT
Votre imprimeur agit pour l'environnement

Dans le cadre de sa politique de développement durable, l'imprimerie Darantiere a été référencée IMPRIM'VERT ® par son organisme consulaire de tutelle. Cette marque garantit que l'imprimeur respecte un cycle complet de récupération et de traçabilité de l'ensemble de ses déchets.